GPEC et PSE

Éditions d'Organisation
Groupe Eyrolles
61, Bd Saint-Germain
75240 Paris Cedex 05
www.editions-organisation.com
www.editions-eyrolles.com

ISBN : 978-2-212-53983-7

David Hindley et Peggy Aparisi

Préface de Frank Bournois

GPEC et PSE

Anticiper et accompagner les variations d'effectifs en entreprise

EYROLLES

Éditions d'Organisation

Sommaire

Avant-propos

La GPEC est devenue au fil des mois un thème qui dépasse les frontières des Ressources Humaines. D'acronyme, elle devient « marque ». D'outil de gestion, elle se transforme en sujet préféré des juristes d'entreprise. Prenons garde, la gestion prévisionnelle ne se résume pas à la signature d'un accord. Ce n'est pas un processus que l'on met en équation. Elle n'est ni l'antidote, ni l'antichambre d'un Plan de sauvegarde de l'emploi. Elle est bien plus que cela… Elle constitue l'un des outils essentiels du management opérationnel et du dialogue social. Le législateur ne s'y est pas trompé. Sa volonté de favoriser l'émergence d'outils d'anticipation a reçu un accueil favorable des acteurs. Il faut à présent les doter de points de repère concrets et simples de mise en œuvre. Cet ouvrage reprend avec beaucoup de clarté le flambeau des précurseurs qui, au milieu des années 1980 lancèrent la réflexion sur la gestion prévisionnelle. Il explique avec précision les fondamentaux d'une telle démarche. Illustré par de nombreux exemples, proposant des fiches de synthèse en fin de chaque partie, ce livre s'adresse aux dirigeants et aux gestionnaires qui au quotidien considèrent qu'anticiper les conséquences des évolutions de leur activité et développer les talents de leurs collaborateurs est un facteur majeur déterminant du succès des entreprises.

Philippe Vivien, DRH du groupe Areva

Pédagogique et pratique ! Tels sont les qualificatifs qui me viennent spontanément à la lecture de ce livre qui situe les enjeux de la GPEC et du PSE dans le contexte stratégique, psychosociologique et légal de l'entreprise. Avec une attention toujours présente à la qualité du dialogue social, les auteurs nous proposent un mix d'apports théoriques et d'expériences concrètes. Bourré d'outils et de conseils, voici un livre à avoir sur son bureau pour tout professionnel de la fonction RH confronté à l'évolution des métiers et des compétences.

Delphine Montaulieu, directeur People & Competency du groupe Danone

Remerciements

Les auteurs tiennent à remercier et saluer :

- Frank Bournois, pour ses conseils et ses encouragements.
- Les équipes Ressources humaines des groupes Areva et FCI, en particulier Gwenaëlle Hamelin, Étienne Boyer, Claude Fruchart, Pierre Prevosteau et Philippe Vivien pour leur support, leurs témoignages et leurs apports critiques.
- Samia Achour de la DRH groupe LCL pour la précision de son feedback !
- L'équipe RH de la gestion des cadres dirigeants et hauts potentiels du Groupe AXA ainsi qu'Alain ROHAUT pour son feedback.
- Les collaborateurs des cabinets BPI et Altedia, ainsi que l'ensemble des DRH et des consultants qui ont permis l'élaboration de cet ouvrage par leurs témoignages et leur partage d'expérience.
- Leurs collègues du groupe Danone et de l'établissement hospitalier Robert Ballanger.

Préface

Le livre que vous avez entre les mains n'est pas un ouvrage ou un manuel de plus sur la Gestion Prévisionnelle des Ressources Humaines ! Depuis plus de vingt ans[1], l'occasion m'a été donnée de rédiger des synthèses d'ouvrages ou des recensions d'articles pratiques et scientifiques sur ce sujet de plus en plus difficile à appréhender : agrandissement de l'arsenal juridique, variations fortes du périmètre des entreprises, moindre fidélité des collaborateurs au sein des entreprises, exigences croissantes de partenaires plus nombreux, sophistication des systèmes d'information...

Plus que jamais, le sous-titre de ce livre « Anticiper et accompagner les variations d'effectifs et de compétences » est un défi pour l'entreprise responsable ! La livraison que nous offrent ici David Hindley et Peggy Aparisi, tous deux diplômés du Ciffop, est tout aussi unique que subtile. Sept grands traits m'apparaissent se dégager de cet ouvrage qu'ils me font l'honneur de préfacer :

- Pédagogique. « GPEC et PSE » est un titre qui invite à de nombreuses explications bien au-delà des deux sigles. Les auteurs parviennent à nous faire voyager avec plaisir au sein de pratiques qui se renouvellent sans cesse. On est frappé par la multitude de schémas, de tableaux de synthèse, de points à retenir qui forcent à stimuler la réflexion tout au long des pages. Les encadrés « Le saviez-vous » permettent une auto-évaluation élégante des savoirs et des compétences sur le sujet.
- Heuristique. Les quatre parties contribuent à la découverte de la pratique concrète de la GPEC et du PSE. Je m'attendais au risque de

1. En tant que praticiens des RH, nous avions tous apprécié, à la fin des années 1980, Mathis L., *Gestion prévisionnelle et valorisation des ressources humaines*, Éditions d'Organisation, 1989.

la présentation réductrice d'une façon de faire une « bonne » opération de GPEC/PSE. Le piège a été évité avec des commentaires qui relativisent toujours le contexte : approche segmentée des populations de collaborateurs, typologies de situations de management...

- Intégré. Le lecteur, qu'il soit dirigeant, universitaire, juriste, représentant du personnel ou responsable opérationnel des ressources humaines, est frappé par l'exercice réussi à ne pas cantonner les questionnements aux seuls aspects techniques. On entre dans le sujet par l'essentiel : la stratégie de l'entreprise dans son environnement. Mais aussi par l'organisation et l'ensemble des politiques de gestion des ressources humaines (GRH) desquelles la GPEC (gestion prévisionnelle des emplois et des compétences) et le PSE (plans de sauvegarde de l'emploi) ne pourraient être dissociés. La présentation globale et systémique des problématiques montre le sérieux scientifique, en amont des réflexions proposées.
- Opérationnel. L'expérience professionnelle des auteurs surgit à chaque page : aucune digression inutile et le discours est résolument orienté vers l'action. Que ce soit pour les questions de diagnostic, de prise de décision ou de négociation, toutes les parties prenantes trouveront matière à enrichir leurs démarches. Les différents outils mis à disposition sont variés et autorisent des utilisations tant au sein des services RH, du comité de direction, des équipes concernées par une GPEC et PSE. Le responsable des RH novice sur le sujet peut commencer sa mission rassuré avec le contenu de l'ouvrage. Les aspects légaux sont commentés sans tomber dans le juridisme. La VAE et le DIF abandonnent leur statut légal pour devenir de réelles possibilités d'animation d'une politique de GPEC et de mobilité des collaborateurs. Sans oublier les recommandations sur les financements d'une GPEC.
- Méthodologique. Le ton choisi par les auteurs pour cheminer avec le lecteur est une invitation à la construction de la solution appropriée pour chacun. Le livre est un trésor en matière d'introduction de pratiques nouvelles : par exemple est abordée la création d'un observatoire des métiers et des compétences (OMC) ou d'un espace des métiers et des compétences (EMC). Mais la conduite du changement lui-même est au cœur des suggestions que ce soit à travers les jeux

politiques des acteurs[2], les accords de méthode ou encore les astuces de communication à déployer… y compris avec les journalistes ! Le lecteur peut alors construire ses critères de mesure d'une GPEC performante[3].

- Rythmé. Le facteur temps est très pris en compte (calendrier et tempo) pour la mise en œuvre d'une GPEC et d'un PSE. Le manager pourra l'apprécier dans les développements consacrés à l'organisation de la mobilité interne, à l'introduction des mesures sociales d'accompagnement ou encore à la gestion de crise (dont la séquestration).
- Déontologique. Tout n'est pas permis en matière de gestion de l'emploi et de développement des compétences et des talents[4]. Les conseils fusent au fil des pages mais on ne détecte jamais de parti pris qui heurterait telle ou telle partie prenante. Tout est construit pour que l'entreprise responsable puisse disposer d'une gestion optimale des métiers et des compétences reposant sur cette alchimie « individus/emplois » délicate et fondatrice des outils de GRH.

Je vous souhaite une excellente lecture de cette excellente production. Quant à moi, j'ai renforcé ma conviction que les managers devraient mettre l'adage de Pasteur sur le fronton de leurs projets : « Le hasard ne favorise que les esprits préparés ».

Par Frank Bournois

Directeur du CIFFOP

Professeur à l'Université Paris II et à l'ESCP-EAP

Paris, août 2007

2. En particulier dans des structures de plus en plus complexes : Parker G.M., *Cross Functional Teams – Working with Allies, Enemies and Other Strangers*, San Francisco, Jossey Bass, 2003.
3. Huselid M., Becker B. and Beatty R., *The Workforce Scorecard*, Boston : Harvard Business School Press, 2005.
4. Rothwell W., Jackson R., Knight S., Lindholm J., *Career Planning and Succession Management – Developing Your Organization's Talent for Today and Tomorrow*, London, Praeger, 2005.

Introduction

> « L'expérience prouve que les entreprises les plus performantes sont celles qui ont changé, en même temps, la technologie, le contenu du travail et les rapports sociaux internes. »
>
> Antoine Riboud

Dans toute gestion d'entreprise, l'élaboration de prévisions a toujours constitué une étape nécessaire, mais également complexe et incertaine. Or, depuis plusieurs années, le monde évolue de plus en plus vite, ce qui rend difficile le développement de prévisions, même à un horizon limité. Les cycles d'innovation de plus en plus courts, les départs massifs en retraite des baby-boomers, l'allongement de la durée d'activité suite à la réforme des retraites en 2003, la tension sur les recrutements avec la « guerre des talents », les activités qui s'accélèrent et s'internationalisent de plus en plus... La difficulté grandissante de prévoir et donc de gérer les risques marque paradoxalement le retour en force de la Gestion Prévisionnelle des Emplois et des Compétences (GPEC) au sein des entreprises. C'est en effet la nécessité d'anticiper ces risques non mesurés qui amène les entreprises à développer et à adapter les compétences de leurs hommes et de leurs femmes pour que ceux-ci puissent mieux rebondir face aux aléas de la gestion d'activité.

L'entreprise a toujours eu besoin de disposer qualitativement et quantitativement des effectifs et des compétences au moment nécessaire pour mettre en œuvre sa stratégie et atteindre ses objectifs. Cependant, de la théorie à la pratique, il existe un écart qui s'est traduit par une multiplicité des approches de gestion prévisionnelle sociale (tantôt appelée gestion préventive, gestion prévisionnelle des RH, etc.) avec des allers-retours en fonction des réussites ou des échecs de ces différentes approches. L'objectif de gestion prévisionnelle pour éviter les Plans de Sauvegarde de l'Emploi (PSE) n'a pu cependant être atteint : 1 270 PSE ont été notifiés en 2005, après 1 250 en 2004 (étude de la DARES, ministère de l'Emploi, de la Cohésion sociale et du Logement, septembre 2006). Ainsi, dans un monde qui évolue, les changements, voire les fermetures d'entreprises ou d'établissements, constituent des événements inévitables. La mise en œuvre de PSE, qu'on le veuille ou pas, fait donc partie intégrante de la vie d'une entreprise.

La démarche retenue dans l'élaboration de cet ouvrage se veut véritablement pragmatique et concrète. Proposés par des opérationnels pour des opérationnels de l'entreprise, les méthodes, les outils et les schémas présentés dans ce livre constituent des réponses opératoires aux problématiques de terrain liées aux démarches de GPEC et de PSE. Ainsi, « comment construire ma politique de mobilité interne », « comment accompagner les salariés handicapés » ou encore « quelles mesures sociales mettre en œuvre pour accompagner mon PSE » sont autant d'exemples de questions auxquelles nous avons souhaité apporter des éléments de réponse concrets. Cet ouvrage s'adresse donc aussi bien aux praticiens RH de grands groupes qu'aux patrons de PME/PMI qui souhaitent transformer l'obligation de mise en œuvre d'une démarche GPEC en levier de performance pour leur entreprise ou qui doivent gérer l'application d'un PSE. En fonction des caractéristiques de son entreprise, chacun pourra y trouver des éléments différents pour l'aider à élaborer des réponses.

La première partie de l'ouvrage se focalise sur la mise en œuvre d'une démarche GPEC. Elle présente en effet les différents concepts de référentiels de compétences, les répertoires de métiers, la typologie des métiers sensibles ainsi que la méthodologie de la démarche GPEC. Une fois cette dernière définie, la structure d'un accord GPEC ainsi que les enjeux de négociation sont abordés. La deuxième partie de ce livre illustre la mise en œuvre de l'accord GPEC par les différentes actions de gestion des ressources humaines (GRH). Les actions qui relèvent de la gestion de l'emploi (des relations avec les écoles à l'intégration des salariés, des outils de la gestion de carrière aux plans de successions, etc.) sont d'abord présentées. Puis les outils de développement des compétences (droit individuel à la formation, validation des acquis de l'expérience, coaching, 360°, professionnalisation, etc.) sont expliqués, ainsi qu'une approche spécifique des populations sensibles au sein de l'entreprise (les jeunes, les femmes, les salariés handicapés, les quinquagénaires, etc.). Le pilotage et le suivi de la démarche GPEC sont ensuite présentés, avec le passage d'une démarche GPEC à la mise en œuvre d'un PSE lorsque la GPEC ne suffit plus à résoudre les problématiques.

La gestion d'un PSE fait, elle, l'objet de la troisième partie. Celle-ci présente l'élaboration et la formalisation du projet économique et industriel (Livre IV du Code du travail, aussi appelé L4) et des mesures sociales d'accompagnement (Livre III du Code du travail, aussi appelé L3), expliquées et accompagnées de conseils de mise en œuvre. Les enjeux de la négociation et de la gestion éventuelle des conflits sociaux sont également examinés avec les réponses envisageables.

Quant à la quatrième et dernière partie, elle présente les différentes mesures sociales d'accompagnement des salariés, avec les avantages et les inconvénients de leur mise en œuvre. Cette partie expose ensuite les principales problématiques du pilotage de l'antenne emploi, de la recherche de solutions à la gestion des salariés licenciés. Enfin, la mise en œuvre d'une GPEC est préconisée afin d'accompagner les salariés « rescapés » du PSE : le cycle de la démarche GPEC redémarre alors, renvoyant ainsi le lecteur au premier chapitre de cet ouvrage.

Pour conclure, précisons que ce livre contient de nombreux tableaux, construits comme des outils pédagogiques et informatifs, permettant d'avoir une vue d'ensemble synthétique et complète des différents points abordés. Par ailleurs, une rubrique intitulée « À retenir » ponctue l'ouvrage pour vous offrir un résumé clair des points importants venant d'être présentés. Enfin, un lexique des abréviations (p.223) vous permettra de décrypter les nombreux sigles utilisés. Bonne lecture !

De la GPEC au PSE... © Céline Rivail

partie

I

Préparer et négocier une GPEC

« La meilleure façon de prédire l'avenir, c'est de le créer. »

Peter Drucker

1

La naissance de la GPEC

Les modèles de gestion prévisionnelle au niveau social sont apparus à la fin des années 1960 et ont fait l'objet depuis de multiples essais pour anticiper et professionnaliser la gestion de l'emploi. Si le choc pétrolier, complètement inattendu, a mis un terme aux prévisions linéaires de croissance, la gestion prévisionnelle sociale s'est affinée au fur et à mesure des décennies, dans l'objectif de devenir un réel élément de la stratégie de l'entreprise. À travers ces évolutions, c'est la GRH elle-même qui s'est significativement transformée.

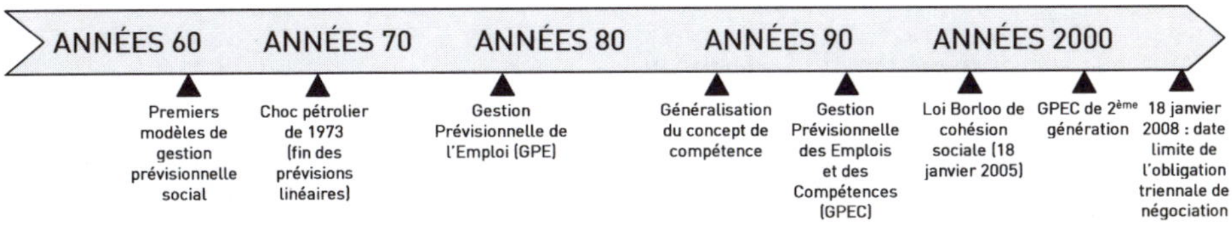

Chronologie de la GPEC

La Gestion Prévisionnelle de l'Emploi (GPE)

Les origines de la GPE s'inscrivent dans un environnement en évolution. Ainsi, Xavier Babore[5] observait en 1993 : « *La GPEC n'est pas née*

5. Babore Xavier, « La gestion des ressources humaines », *Cahiers français*, n°263, juillet-septembre 1993.

par hasard, dans les entreprises, dans les années 1980. Les restructurations, les licenciements collectifs pour motif économique, les difficultés de recrutement, les mutations de technologies, l'exigence de la qualité totale... ont conduit les entreprises à rechercher les moyens de l'ajustement de leurs besoins et de leurs ressources humaines. » Le développement du concept de GPE représente une tentative de modéliser les prévisions d'effectifs afin de les intégrer dans la planification stratégique. Cette approche est très orientée sur les catégories socioprofessionnelles (ETAM et cadres) et la prévision est surtout quantitative. Au début des années 1980, la gestion prévisionnelle de l'emploi était un concept très en vogue, mais son application consistait en des processus lourds, administratifs et finalement peu opératoires. La GPE s'assimilait alors davantage à une démarche de gestion que de prévision. Presque toujours portée par la DRH, mais rarement par les managers, la démarche GPE n'impliquait pas les salariés. Ainsi, l'approche des emplois par famille professionnelle a donné lieu à de belles représentations sous forme de planisphères ou de passerelles affichées dans le bureau des DRH ! L'approche effectif/classification/poste de la GPE était trop quantitative pour être adaptée à des entreprises soumises à des évolutions de plus en plus rapides. Bien que porteuse d'espoir dans sa rationalisation de la GRH, la GPE n'a pas véritablement honoré ses promesses. À la fin des années 1980, la gestion prévisionnelle de l'emploi a été jugée insuffisante pour répondre aux problématiques RH de l'entreprise.

De la GPE à la GPEC

La notion de compétence, introduite dans les années 1990, vient bouleverser le vocabulaire de la GRH, mais aussi de la GPE. La démarche de GPE s'assouplit avec la logique de compétences et gagne surtout en approche plus qualitative. Nous observons la transition d'une logique de poste, de qualification et de classification à une logique de compétences et de contribution à la performance de l'entreprise (valeur ajoutée apportée par le salarié). En effet, l'approche par les compétences aide à mieux cerner les liens entre les problématiques de l'entreprise et ses ressources humaines (compétences, capacités d'adaptation, etc.). De nombreuses entreprises, aussi bien dans le secteur industriel que dans celui des services, engagent alors des négociations sur la GPEC ou introduisent une orientation qualitative dans les accords de GPE existants.

Ainsi, en 1998, le MEDEF a publié un guide très complet sur la « Gestion anticipative des emplois et des compétences ». La gestion par les compétences s'inscrit au cœur de la GRH pour répondre aux différents besoins : accompagner les changements d'organisation, d'identification, d'évaluation et de développement des compétences, faciliter les évolutions de carrière, etc. Dans cette perspective, la GPEC doit contribuer à limiter les conséquences négatives des changements importants au sein de l'entreprise. Cependant, les certitudes qui ont fondé les politiques de l'emploi dans les années 1980 ont largement été remises en cause au début des années 1990. De jeunes diplômés se sont retrouvés sans emploi dans un pays industrialisé, ce qui paraissait inimaginable quelques années auparavant. C'est ainsi que le contexte économique plutôt sombre de la dernière décennie du XXe siècle va associer pour beaucoup le concept de GPEC à celui de plan social, et la gestion prévisionnelle devient celle des sureffectifs et des suppressions de postes. L'idée de recourir à la GPEC pour éviter les plans sociaux se révèle donc illusoire.

La GPEC de deuxième génération

Depuis début 2005, la GPEC est revenue sur le devant de la scène en matière de GRH. En effet, la loi de cohésion sociale du 18 janvier 2005, dite loi Borloo, impose aux entreprises de plus de trois cents salariés une obligation triennale de négocier « un dispositif de gestion prévisionnelle des emplois et des compétences » (Code du travail, article L. 320-2). Ces entreprises ont cependant jusqu'au 18 janvier 2008 pour respecter cette obligation. S'il est vrai que le contexte actuel d'accélération des évolutions technologiques et de prise de conscience du vieillissement de la population active renforce la nécessité d'anticiper la gestion des emplois et des compétences, la volonté du législateur est aussi de faire de la GPEC un dispositif de gestion préventive de l'emploi et non plus uniquement un dispositif de gestion prévisionnelle des compétences. Anticiper l'adaptation de l'emploi et des compétences a pour principal objectif d'éviter les licenciements en traitant les problématiques en amont. La mise en œuvre d'un PSE n'intervient alors qu'en cas de défaillance du dispositif de GPEC, quand ce dernier ne peut plus apporter de réponses aux problématiques d'adaptation de l'emploi et des compétences. Ainsi, si la mise en œuvre d'un PSE vise à éviter les licenciements ou du moins à y apporter des solutions pour sauvegarder l'emploi, la démarche GPEC quant à elle a pour objectif d'éviter le recours à un PSE ! De nombreuses entreprises entament donc aujourd'hui la mise en œuvre d'une démarche GPEC. Cette démarche d'anticipation s'inscrit dans l'obligation pour l'employeur d'assurer l'employabilité de ses salariés indépendamment de ses choix stratégiques. Pour Gérard Larcher[6] : « *La GPEC est un facteur déterminant pour éviter les restructurations brutales.* »

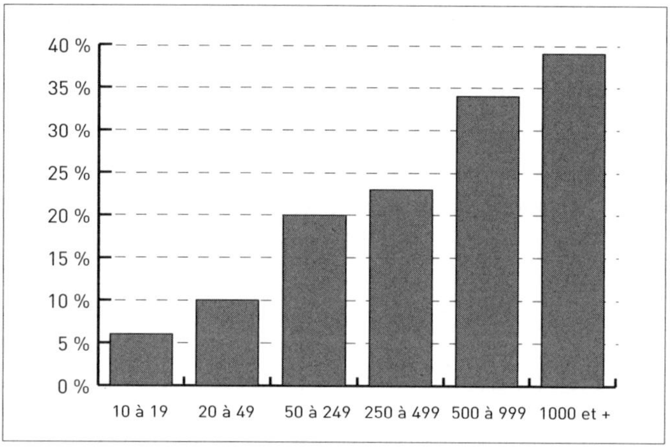

Taille des entreprises et pratiques de la GPEC (enquête CVTS-2, CEREQ 2004)

La GPEC semble cependant fortement corrélée à la taille des entreprises : seules 9 % des plus petites d'entre elles ont entamé une démarche GPEC contre plus de 40 % dans les groupes de plus de mille personnes. Ce résultat doit néanmoins être relativisé, car il ne prend pas en considération le fait qu'un employeur d'une petite structure peut anticiper ses besoins en compétences sans en formaliser la démarche. De plus, l'obligation de mise en œuvre de démarches prévisionnelles ne vise que les entreprises ayant atteint le seuil minimum de trois cents salariés. Pour que la GPEC de deuxième génération soit un succès, il est indispensable qu'elle s'inscrive dans une démarche très opérationnelle pour ne pas se muer en un outil bureaucratique et/ou de communication supplémentaire, comme ont parfois pu l'être les premières démarches de GPEC. C'est dans la proximité et l'application sur le terrain que la GPEC pourra s'appliquer et trouver sa légitimité.

6. Ministre délégué aux Relations du Travail en 2004-2005 et ministre délégué à l'Emploi, au Travail et à l'Insertion professionnelle des jeunes de 2005 à 2007.

2

Réaliser un diagnostic GPEC

Stratégie et projet d'entreprise

Il ne peut y avoir de GPEC sans stratégie ni projet d'entreprise. Selon Alfred Chandler[7], la stratégie consiste à « déterminer les objectifs et les buts à long terme d'une organisation, puis à choisir les modes d'action et d'allocation des ressources qui permettront d'atteindre ces mêmes buts et objectifs ». Différentes étapes sont donc nécessaires avant le démarrage des négociations.

Cette démarche et son résultat font l'objet de multiples communications auprès des différentes parties prenantes (management, personnel, etc.) et doivent être formalisés dans le cadre des informations, des consultations ou des négociations avec les instances représentatives du personnel ou IRP (documents remis en amont du comité d'établissement et des comités centraux d'entreprises, rédaction d'un L4, etc.).

Phase 1 : réaliser le diagnostic stratégique

Différents outils et approches facilitent notamment l'élaboration du diagnostic stratégique.

7. Économiste et historien américain, professeur à la Harvard Business School, considéré comme l'un des plus grands spécialistes en histoire des affaires et stratégie des organisations.

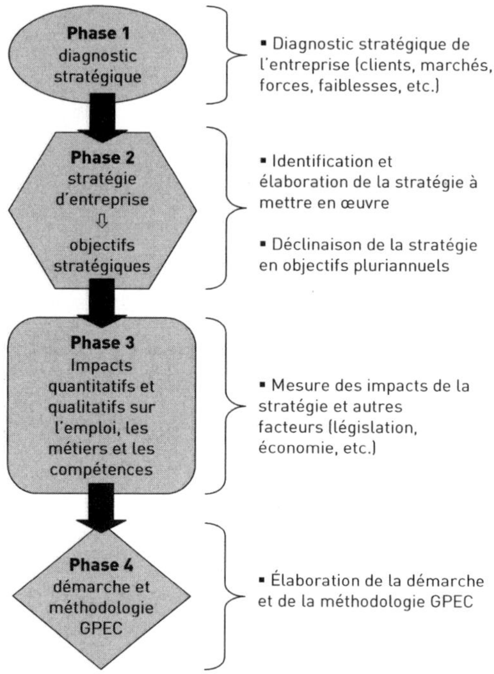

Démarche stratégique et GPEC

La matrice SWOT

L'approche des forces et des faiblesses consiste à établir un diagnostic de la situation de l'entreprise et de son positionnement par rapport à l'environnement et à ses concurrents. Pour réaliser ce diagnostic, la matrice SWOT s'articule autour de deux axes.

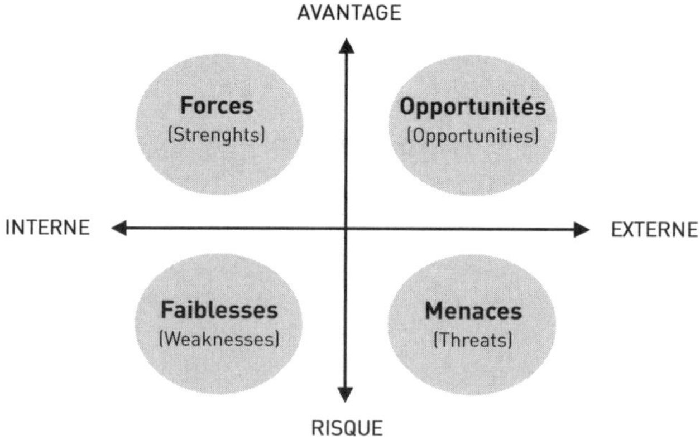

Matrice SWOT

L'analyse externe vise à identifier les opportunités (domaines de développement et de croissance) et les menaces (difficultés et problématiques) du marché auxquelles l'entreprise doit faire face. Dans l'environnement interne de l'entreprise, on distingue ses forces et ses faiblesses. Cette représentation facilite la réflexion sur la probabilité pour l'entreprise d'obtenir un positionnement favorable sur son secteur d'activité. Une entreprise possède un avantage concurrentiel lorsque ses forces lui permettent de mieux exploiter une opportunité que ses concurrents. Cette méthodologie permet de visualiser un ensemble structuré d'informations qui sert ainsi de base à la prise de décision et d'orientation stratégiques.

Le modèle concurrentiel de Porter

Le modèle des cinq forces concurrentielles, élaboré par l'économiste américain Michael Porter en 1979, positionne l'entreprise dans son milieu concurrentiel.

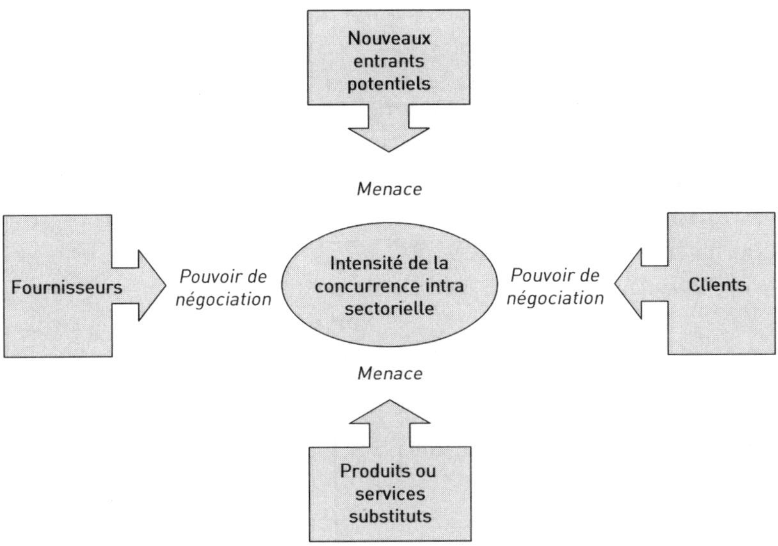

Modèle des cinq forces concurrentielles

Intensité de la concurrence intra sectorielle	Compétition permanente des différents concurrents au sein du secteur pour accroître ou simplement maintenir leur position.
Pouvoir de négociation des clients	Capacité des clients à influencer le prix d'acquisition et les conditions de vente, ce qui a un impact sur la rentabilité du marché.
Pouvoir de négociation des fournisseurs	Capacité à imposer leurs conditions à un marché (coût, qualité, service), ce qui a un impact direct sur la profitabilité de l'entreprise.
Menace de produits ou services substituts	Non présents sur le marché, ces produits ou services représentent une alternative à l'offre existante.
Menace de nouveaux entrants potentiels	Variable selon l'attractivité du secteur et les barrières à l'entrée (investissements, normes, protectionnisme, brevets, tickets, etc.).

Cette approche facilite l'identification et l'anticipation des dangers potentiels pour l'entreprise.

La matrice BCG

Cette matrice se construit à partir de deux axes d'analyse : la part de marché relative (par rapport à la concurrence) et la croissance du marché. Elle permet une planification du portefeuille de produits par la comparaison du positionnement des produits de l'entreprise par rapport à ceux des concurrents.

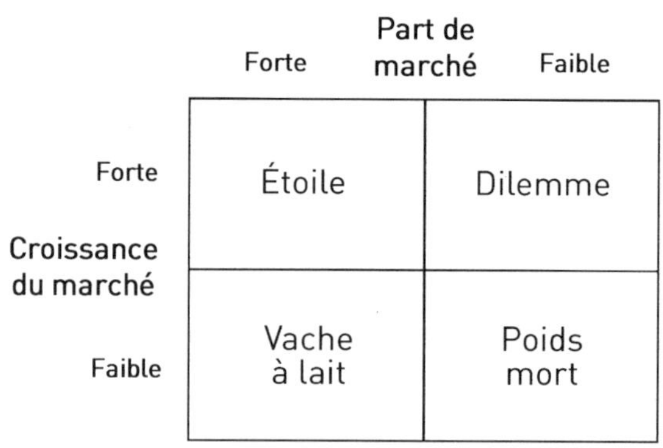

Matrice BCG

Étoile	Produit à croissance rapide avec une grande part de marché. Forte contribution à la rentabilité de l'entreprise, évolution progressive en vache à lait avec la saturation du marché.
Dilemme	Produit à croissance rapide mais à petite part de marché, qui génère peu de profits. Question de l'arrêt ou du maintien.
Vache à lait	Produit mature avec une importante part de marché. Génère les profits nécessaires à l'investissement dans les étoiles/dilemmes.
Poids mort	Produit sur un marché en déclin et concurrentiel, à arrêter dès que les coûts deviennent rédhibitoires.

Si l'enjeu est de maintenir un équilibre dans le portefeuille d'activités, l'objectif consiste à développer des « étoiles », qui se transforment en « vaches à lait » et compensent ainsi les éventuels « dilemmes » qui sont devenus des « poids morts ».

La matrice d'Ansoff

Cet outil facilite les choix stratégiques qui visent des objectifs de croissance.

Marché \ Produit	Existant	Nouveau
Existant	Pénétration de marché	Développement de produit
Nouveau	Développement de marché	Diversification

Matrice d'Ansoff

Pénétration de marché	Stratégie d'augmentation des recettes des produits existants sur les marchés actuels par le marketing (promotion, repositionnement de marques).
Développement de produit	Stratégie de développement de nouveaux produits sur les marchés actuels afin de remplacer les produits existants.
Développement de marché	Stratégie de développement de nouveaux marchés et cibles avec les produits existants.
Diversification	Stratégie de développement de nouveaux produits sur de nouveaux marchés.

Cette matrice permet d'identifier les stratégies de croissance adaptées à ses différentes gammes de produits.

Toutes ces techniques peuvent être combinées et il en existe bien évidemment d'autres, mais celles présentées ici permettent déjà de positionner l'entreprise sur les principaux paramètres qui vont aider à la prise de décision. Une fois le diagnostic réalisé, la direction peut alors déterminer son projet stratégique et planifier sa démarche sans oublier de contrôler régulièrement si les objectifs fixés sont atteints.

Phase 2 : définir la stratégie d'entreprise

Ce n'est qu'en regard de la stratégie de l'entreprise que pourront se décliner, par des actions adaptées, les anticipations prévisionnelles de gestion de l'emploi et des compétences. Le choix de la stratégie de l'entreprise doit donc se décliner en objectifs clairs, réalistes et atteignables. Il faut en outre que cette stratégie soit communiquée à l'ensemble des parties prenantes de l'entreprise.

Stratégies de développement

L'entreprise en développement peut mettre en œuvre différentes stratégies qui s'appliquent à des choix de croissance interne ou externe.

Diversification	Stratégie de développement liée ou non au cœur de métier de l'entreprise. La gestion d'une nouvelle activité peut engendrer des difficultés par la faiblesse des synergies et de l'expérience de gestion.
Innovation	Stratégie d'investissement mesuré dans le temps qui présente des avantages en termes de coût, mais nécessite un système de protection de l'innovation (brevets).
Intégration verticale	Stratégie de maîtrise de la production à la distribution dans une activité. Atout qui nécessite des investissements importants et rend la gestion plus complexe. Fragilité cependant en cas de récession.
Spécialisation	Stratégie de spécialisation sur un marché/produit. Simplification de la gestion, vision claire, mais quasi-intégralité des ressources sur une seule activité, risques de rigidité organisationnelle et de manque d'adaptation.

Stratégie de croissance interne

La croissance interne (ou organique) représente une augmentation de la dimension de l'entreprise par le développement des ressources internes (humaines, techniques, produits). Parfois insuffisante pour accompagner le développement des marchés, cette stratégie peut entraîner des délais importants qui constituent un risque pour l'entreprise. De plus, elle nécessite des moyens financiers importants.

Stratégie de croissance externe

La croissance externe se définit par une augmentation de la dimension de l'entreprise par l'absorption d'une autre entreprise.

Fusion-acquisition	Stratégie de rachat d'entreprise avec plusieurs objectifs possibles (réalisation de synergies, réduction fiscale, des coûts ou de la concurrence, utilisation de la trésorerie, etc.).
Alliance et coopération/ joint-venture (JV)	Stratégie de mise en commun de ressources pour favoriser les économies d'échelle, la réduction des risques et des coûts liés aux innovations.

Stratégie de décroissance

Elle est mise en œuvre lors de périodes de crise ou de récession et peut s'effectuer à plusieurs niveaux : réduction des coûts, suppression de services, désinvestissement, voire fermeture de sites. Outre le coût financier, cette stratégie entraîne de nombreux problèmes sociaux.

Traduction en objectifs stratégiques

La stratégie identifiée et retenue doit ensuite être déclinée ou traduite en objectifs, définis de façon rigoureuse et précise. La méthodologie SMART peut ainsi aider à la définition des objectifs, qui doivent ainsi être :

- **S**pécifiques ;
- **M**esurables ;
- **A**tteignables ;
- **R**éalistes ;
- définis dans le **T**emps.

Phase 3 : mesurer l'impact sur l'emploi, les métiers et les compétences

Au-delà des résultats des choix stratégiques, d'autres facteurs internes et externes peuvent avoir un impact sur l'emploi au sein de l'entreprise et doivent être intégrés dans la réflexion sur la démarche GPEC. Ainsi, on peut identifier les facteurs suivants :

- évolutions économiques, législatives et réglementaires ;
- positionnement de l'entreprise sur ses différents marchés ;
- axes stratégiques et principaux projets de développement ;
- hypothèses stratégiques et plans d'actions (de trois à cinq ans) par ligne de produits ;
- évolutions techniques et/ou technologiques ;
- projets d'évolutions des organisations/filiales ;
- prévisions de chiffre d'affaires et de résultat par entité/établissement ;
- contraintes budgétaires.

Les conséquences de cet impact sur l'emploi doivent être évaluées à la fois quantitativement et qualitativement.

Impact quantitatif sur l'emploi

Il se mesure principalement par les effectifs et représente généralement le premier effet étudié. Il s'agit alors pour l'employeur de maîtriser sa gestion des effectifs afin de gérer des problématiques telles que :

- le sureffectif (global ou spécifique à certains métiers/établissements) ;
- les difficultés de recrutement (dans des métiers spécifiques, dans certains bassins d'emploi, etc.) ;
- l'évolution de la pyramide des âges (vieillissement et transfert des savoirs, pyramide jeune avec des enjeux forts de développement, etc.) ;
- un turnover élevé (impact financier et instabilité) ou faible (structure sclérosante) présentant des risques importants dans certains emplois/sites.

Les flux d'entrée et de sortie du personnel peuvent se mesurer par les données sociales (passé) et par les indicateurs RH (présent), ce qui permet de réaliser une projection (futur).

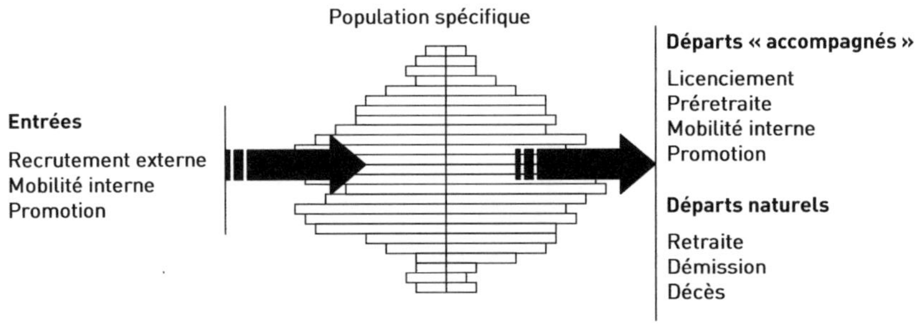

Entrées et sorties dans la projection d'une pyramide des âges

Le retour d'une GPEC dite de deuxième génération s'explique également par la prévision de départs en retraite importants. Selon l'Institut national d'études démographiques (INED), celle-ci « peut créer les conditions d'une réduction du chômage, mais ne la garantit pas », notamment en raison de l'inadéquation entre les postes à pourvoir et les domaines de compétence des demandeurs d'emploi. Ce constat souligne les enjeux d'anticipation liés à la GPEC, notamment sur le plan qualitatif.

LE SAVIEZ-VOUS ?

Une enquête de la Cegos menée en 2005 démontre que 69 % des DRH souhaitent privilégier les promotions internes pour remplacer les départs contre 31 % pour les recrutements externes. Les DRH doivent donc se préparer en interne aux premières conséquences directes de la vague des départs à la retraite des baby-boomers.

Impact qualitatif sur l'emploi

L'emploi, comme l'entreprise, a un cycle de vie : il naît, évolue et disparaît. Il est donc important de le définir qualitativement afin de le gérer, d'anticiper son évolution dans le temps ainsi que l'impact de cette évolution sur l'organisation du travail dans l'entreprise. Cette approche par les compétences vient compléter celle par les effectifs. On peut ainsi croiser les deux et comparer un état actuel par rapport à un état projeté dans un futur déterminé.

	Effectif	Compétences
État actuel	Quels sont nos effectifs par métiers aujourd'hui ? ***Outil** : classification des postes et des métiers*	Volume (et niveaux) des compétences au sein de l'entreprise ***Outil** : référentiel de compétences*
État futur	Quels seront nos effectifs par métiers demain ? Quels seront nos besoins en effectifs par métiers demain ? ***Outil** : pyramide des âges et turn-over*	Quelles seront nos compétences demain ? Quels seront nos besoins en compétences demain ? ***Outil** : identification des métiers sensibles*

Évaluation de l'impact quantitatif (effectif) et qualitatif (compétences)

Différents outils, que nous étudierons plus loin, permettent la réalisation de ces différents états. Une fois la projection réalisée, la mesure des écarts va alors permettre à la direction d'adapter ses compétences à ses besoins. Pour cela, elle peut :

- mettre en œuvre et faciliter la mobilité interne (métier et géographique) ;
- développer les filières métier avec des parcours professionnels ;
- promouvoir la formation et le développement des compétences ;
- créer des passerelles entre les fonctions et les métiers ;
- adapter les compétences en anticipant les évolutions.

Au-delà de la spécificité de la stratégie de l'entreprise et de son impact sur les métiers et les compétences, il est également nécessaire de s'appuyer sur les études d'évolution des métiers, des emplois et des compétences menées par secteur d'activité et par zone géographique. Différents observatoires peuvent aider à évaluer les impacts.

Les observatoires d'aide à l'évaluation des évolutions

Des Observatoires Prospectifs des Métiers et des Qualifications (OPMQ) existent depuis plusieurs années et l'accord national interprofessionnel (ANI) du 5 décembre 2003 ainsi que la loi du 4 mai 2004 ont favorisé la mise en place de ces observatoires dans les branches. Un accord de branche définit la composition et les missions de chaque observatoire. L'ensemble des observatoires se doit cependant d'assurer une veille sur l'évolution des métiers et des compétences, ainsi que la diffusion des informations permettant un meilleur accompagnement des politiques de formation. Une approche territoriale de l'évolution des métiers complète ces observatoires.

LE SAVIEZ-VOUS ?

Fondé en 1996 par la Fédération française des sociétés d'assurances et le Groupement des entreprises mutuelles d'assurances, l'Observatoire de l'évolution des métiers de l'assurance regroupe presque six cents entreprises, soit plus de 140 000 salariés. Un référentiel spécifique existe depuis 1997 et couvre la totalité des métiers de ce secteur d'activité avec seize familles professionnelles, soit cinquante-deux sous-familles. Il s'agit du Répertoire opérationnel des métiers de l'assurance (ROMA). L'observation des métiers d'aujourd'hui et de demain est concrétisée par la remise à chaque société d'assurances d'un rapport d'études annuel qui met en perspective les données de celles-ci par rapport à la profession.

Quant aux Observatoires Régionaux Emploi Formation (OREF), ils mettent à disposition un ensemble d'informations qui permettent de disposer de données récentes sur l'évolution de la population, de l'emploi et des activités d'une région. Destinées à l'ensemble des partenaires socio-économiques départementaux et régionaux ainsi qu'aux acteurs publics et privés de la formation initiale et continue, ces informations sont particulièrement intéressantes dans la mise en œuvre d'une démarche GPEC en local. Les OREF constituent donc une source d'information complémentaire d'aide à la décision susceptible d'éclairer une démarche GPEC.

Les deux types d'observatoires présentés ci-dessus combinent une approche métiers et géographique et constituent des sources d'informations utiles pour la démarche GPEC.

Phase 4 : élaborer la démarche et la méthodologie GPEC

La stratégie de l'entreprise et son impact sur l'emploi et les compétences se situent au cœur de la démarche GPEC, qui doit être totalement intégrée, car elle couvre les besoins et la mobilisation des ressources nécessaires à l'application de cette stratégie.

Les étapes de la démarche GPEC

La mise en œuvre de la méthodologie GPEC se traduit par six phases différentes :

- 1. identifier les emplois et les compétences actuels ;
- 2. réaliser une projection des emplois et des compétences actuels dans un horizon déterminé ;
- 3. anticiper les besoins futurs en termes d'emplois et de compétences (il est souvent difficile de projeter au-delà de trois ans) ;
- 4. mesurer les écarts entre les emplois et les compétences actuels et futurs ;

- 5. décliner la GPEC en actions de GRH (recrutement, mobilité, formation, etc.) pour réduire les écarts ;
- 6. réaliser une projection des emplois et des compétences après la mise en œuvre des actions GRH dans un horizon déterminé.

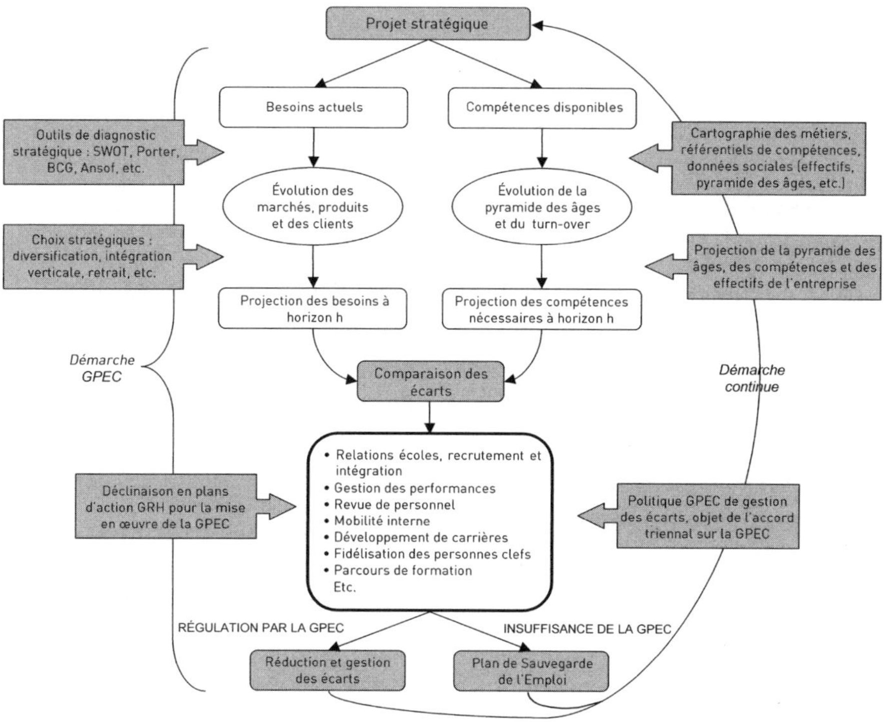

Stratégie et démarche GPEC

Un changement culturel

La mise en œuvre d'une démarche GPEC accompagne souvent un changement organisationnel ou une évolution des processus et constitue un véritable changement culturel au sein de l'entreprise. Ainsi, la GPEC permet d'atténuer les frontières souvent imaginaires entre les différents métiers et activités de l'entreprise. Ces barrières virtuelles résultent généralement des insatisfactions (faible positionnement d'une fonction) ou de l'égocentrisme (survalorisation d'une fonction) qui varient en fonction des entreprises et des activités. Or, les compétences valorisées aujourd'hui ne sont pas nécessairement celles de demain, d'où l'intérêt d'une démarche prospective. La GPEC doit favoriser la création de passerelles plus fréquentes entre les différentes familles de métier. Enfin, la mise en œuvre d'une GPEC représente l'opportunité d'améliorer les conditions de travail par ses actions sur les emplois ou encore favorise le développement d'un véritable dialogue social avec les IRP.

CONSEIL

Les risques à éviter dans la démarche GPEC

Les échecs d'une démarche GPEC se mesurent généralement beaucoup plus vite que son succès. Les principaux pièges à éviter sont :

- l'absence d'objectifs clairs, précis et partagés de la démarche GPEC ;
- la création d'outils technocratiques, trop détaillés et trop complexes qui perdent tout caractère opératoire ;
- une approche plus quantitative (projection de l'évolution des effectifs) que qualitative (méthodologie plus complexe de la démarche compétences) ;
- une dérive instrumentale de la GPEC (les outils et les moyens prennent le pas sur les objectifs) ;
- une faible implication des parties prenantes (salariés, managers et IRP notamment sont insuffisamment associés à la démarche).

La première étape consiste à identifier les différents outils permettant de réaliser un état des lieux précis des emplois et des compétences disponibles dans l'entreprise.

Les outils d'élaboration de la GPEC

Une démarche en plusieurs étapes doit permettre de partir des outils de base existants au sein de la société (définitions de fonctions, données sociales, etc.) pour élaborer les instruments nécessaires à l'obtention d'un état des lieux précis des emplois, des métiers et des compétences actuels de l'entreprise. En fonction des problématiques, de la culture et des choix stratégiques de l'entreprise, il est alors possible de sélectionner le ou les modes d'entrée les plus adaptés à la mise en œuvre d'une démarche GPEC.

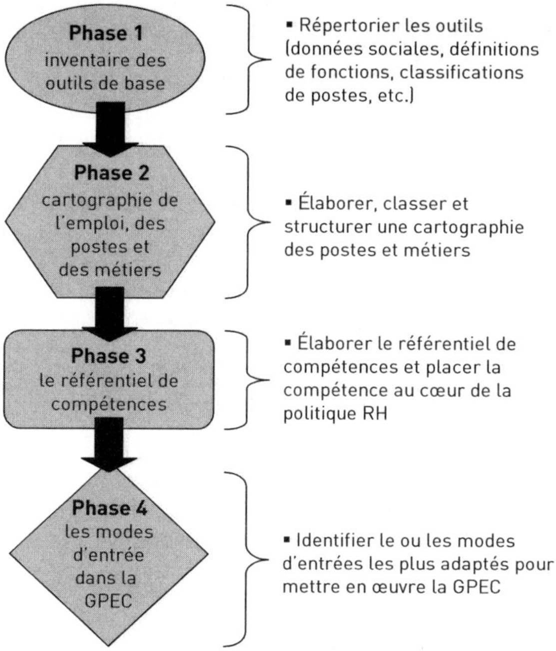

Des outils de base aux modes d'entrée dans la GPEC

Phase 1 : inventaire des outils de base

Pour élaborer une cartographie des métiers et des compétences, il est indispensable de réaliser un inventaire des différents outils existants au sein de l'entreprise à partir desquels il va être possible de mettre en œuvre la démarche GPEC.

La description de poste

L'outil le plus généralement répandu, bien que rarement harmonisé dès que l'entreprise atteint une taille significative, mais qui sert néanmoins de base à toute démarche d'inventaire des métiers, est la définition (ou description) de poste. Ce document décrit l'ensemble des missions affectées à un poste ou à un métier dans l'entreprise. La définition de poste permet de caractériser le profil requis pour occuper le poste sur le plan des compétences (techniques, comportementales, etc.). Le tableau ci-dessous illustre de manière non exhaustive les différentes informations généralement contenues dans une définition de poste.

Principales catégories	Principaux champs d'information
Périmètre et environnement du poste	Intitulé du poste ou de la fonction Nom et prénom du titulaire du poste Entité juridique ou organisationnelle de rattachement Service ou département de rattachement Fonction ou titre de poste de la hiérarchie de rattachement (et rattachement fonctionnel dans une organisation matricielle) Localisation géographique
Mission, rôle et tâches liées au poste	Rôle ou raison d'être du poste Mission principale du poste Missions secondaires
Compétences requises	Compétences techniques Compétences comportementales Compétences linguistiques Compétences informatiques
Interactions dans l'organisation	Position dans l'organigramme Fonction ou titre de poste des salariés de même niveau (approche par la polyvalence, membres d'une même équipe) Fonction ou titre de poste des salariés dont l'absence simultanée est interdite Responsabilités partagées avec d'autres postes ou services (application de la démarche qualité dans un système ISO, etc.)
Niveau de responsabilité	Délégation de pouvoir Responsabilité hiérarchique sur... Autorisation de dépense jusqu'à un montant X Classification ou grade du titulaire du poste

Structure d'une définition de poste

Ce document doit être validé par le titulaire du poste, par sa hiérarchie et parfois par la DRH. À partir de l'ensemble de ces informations, il devient possible de construire un répertoire des métiers et des familles professionnelles.

Les données sociales

Les données sociales de l'entreprise constituent des sources d'information utiles en amont de la mise en œuvre d'une démarche GPEC. On peut distinguer les éléments obligatoires (bilan social, rapport égalité professionnelle hommes/femmes, etc.) et les éléments issus des systèmes d'information ressources humaines (SIRH) de l'entreprise. Le bilan social constitue le diagnostic social le plus riche, car il fournit une sélection d'informations reflétant les multiples aspects de l'emploi dans l'entreprise. C'est une obligation légale à partir de trois cents salariés. Pour les entreprises comptabilisant un effectif inférieur, un rapport social doit être réalisé.

CONSEIL

Les informations du bilan social utiles à la GPEC

Le bilan social annuel contient de nombreux champs d'information intégrant l'historique, soit une source d'informations très riche dans l'analyse de la structure actuelle et de la dynamique des emplois et des effectifs de l'entreprise, en particulier sur :

- **les effectifs ;**
- **l'emploi ;**
- **les rémunérations par catégorie d'emploi ;**
- **les conditions d'emploi ;**
- **la santé et la sécurité ;**
- **la formation ;**
- **les actions sociales.**

Les classifications des postes

En France, la classification de la convention collective repose sur des critères spécifiques aux salariés (âge, expérience, diplôme), au poste occupé ainsi qu'aux niveaux de responsabilités. Il s'agit donc d'une première source d'information de poids sur le positionnement du poste et sa catégorisation. Une cartographie spécifiquement développée pour une entreprise à travers une démarche de compétences permet d'identifier la contribution attendue de chaque emploi à la stratégie de l'entreprise, indépendamment des conventions auxquelles les sociétés sont astreintes.

Phase 2 : cartographie de l'emploi, des postes et des métiers

Différencier famille professionnelle, métier et poste

À partir des informations existantes (liste des postes, organigrammes, analyse des descriptions de postes, etc.), un premier travail consiste à identifier les principales familles professionnelles de l'entreprise. Il est alors possible de repérer au sein de chaque famille les différents emplois qui couvrent la totalité des postes de l'entreprise. En effet, l'analyse des tâches ou des compétences facilite le rattachement de différents postes désignés par de multiples intitulés à un même métier. L'identification des différents métiers formalise ainsi le répertoire des métiers de l'entreprise. Cette approche « métier » est aussi très souvent dénommée emploi-type ou emploi-repère.

LE SAVIEZ-VOUS ?

Le concept d'emploi-type a été développé par le Centre d'études et de recherche sur les qualifications (Cereq) en 1974 et désigne un ensemble de situations de travail présentant des contenus d'activité identiques ou similaires, suffisamment homogènes pour être réalisées par un même individu. Différents intitulés de postes peuvent ainsi être rattachés au même emploi-type. Bien que cette notion soit toujours largement utilisée en GPEC, la dénomination plus simple de métier remplace aujourd'hui les termes d'emploi-type ou d'emploi-repère.

Le terme « métier » pour désigner un emploi auxquels peuvent être rattachés différents postes sera dorénavant utilisé. Ce rattachement aboutit à la création d'une nomenclature. La construction de ces répertoires et nomenclatures est facilitée par l'identification des compétences, dont la construction d'un référentiel sera décrite plus loin.

Structurer la cartographie

La cartographie de l'emploi constitue une liste ordonnée et catégorisée par famille professionnelle des différents métiers de l'entreprise. La réalisation de cette cartographie constitue une étape préalable à l'identification des passerelles et des mobilités entre les différents emplois ainsi qu'entre les familles professionnelles.

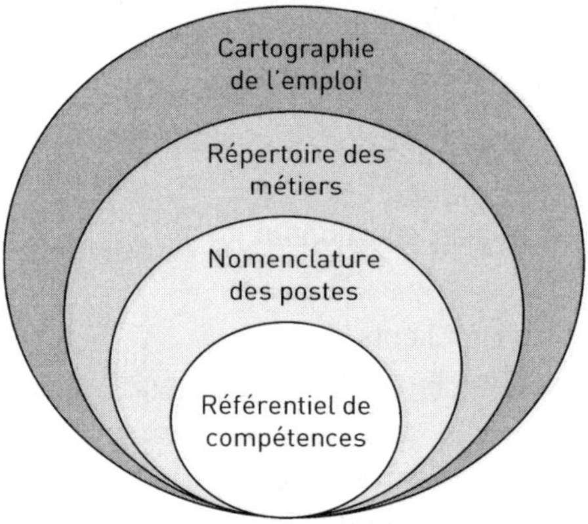

Strates de la cartographie de l'emploi

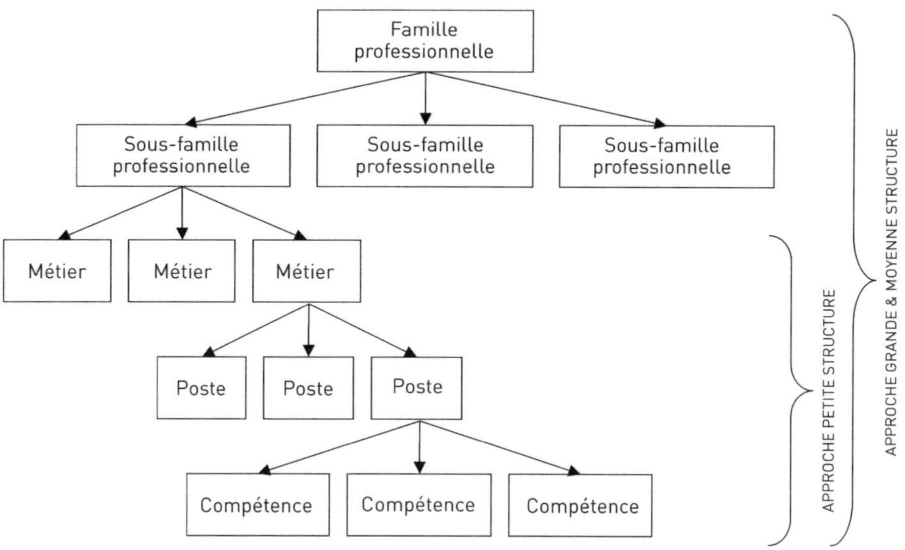

De la compétence à la famille professionnelle

Le tableau suivant représente une cartographie non exhaustive des principales familles professionnelles génériques dans l'entreprise, avec des exemples de métiers associés.

Famille professionnelle	Sous-famille professionnelle	Métier
Achats	Achats France Sourcing Achats internationaux	Acheteur Responsable du sourcing Directeur des achats internationaux
Commercial	Service Clients Ventes	Chef de région Ingénieur technico-commercial
Communication	Communication interne Communication externe NTIC (intranet/Internet)	Chargé de communication Responsable de l'intranet Direction de la communication
Finance	Comptabilité Contrôle de gestion	Contrôleur de gestion DAF
Juridique	Droit social Droit international Droit des affaires	Juriste Directeur droit social
Logistique	Transport Conditionnement	Analyste logistique Responsable supply chain Cariste
Marketing	Produits	Chargé d'études marketing Directeur marketing
Qualité	Management Audit	Contrôleur qualité Ingénieur qualité
Recherche et développement	Laboratoire	Responsable laboratoire Technicien R & D
Ressources humaines	Recrutement Formation Relations sociales Rémunération	DRH Chargé de recrutement Directeur de la formation

En fonction de la spécificité de l'activité de l'entreprise, les métiers se déclinent ensuite par spécialité (métiers de l'informatique, de la banque, des télécoms, de la santé, du bâtiment, etc.). Il est souvent plus pertinent de démarrer à partir d'un répertoire des métiers déjà existant et de l'adapter à l'entreprise. En effet, de nombreux répertoires de métiers existent déjà (dans les branches, élaborés par des prestataires spécialisés, etc.). L'une des nomenclatures les plus connues en France est très certainement le ROME.

LE SAVIEZ-VOUS ?

Le Répertoire officiel des métiers et des emplois (ROME) est un outil de l'Agence nationale pour l'emploi (ANPE) destiné à rapprocher offres et demandeurs d'emploi. Ce répertoire couvre environ dix mille métiers et emplois à travers 466 fiches emplois/métiers qui récapitulent la formation, les conditions d'exercices, les compétences requises et les spécialités de ces différents métiers.

Classer les familles et les métiers

Une fois la cartographie des familles professionnelles et des métiers réalisée, leur classification est alors possible. Celle-ci doit s'effectuer en deux étapes.

Au sein de chaque famille professionnelle, il faut d'abord hiérarchiser les différents métiers et les classer en fonction de la valeur ajoutée de chaque métier (soit la contribution à l'activité de l'entreprise). Puis il convient de comparer, entre les familles professionnelles, le positionnement des différents métiers pour procéder à l'étalonnage et à la validation de cette classification. Il est aussi possible d'établir des correspondances entre la classification créée et les niveaux définis par la convention collective.

		Famille A	Famille B	Famille C	Famille D	Famille E	Famille F	Famille G	Famille H
Coef. CC. VI	Niveau 10	Métier	Métier		Métier	Métier	Métier		Métier
Coef. CC. V	Niveau 9	Métier	Métier	Métier		Métier		Métier	Métier
Coef. CC. IV	Niveau 8			Métier	Métier		Métier		Métier
	Niveau 7	Métier	Métier			Métier	Métier		
	Niveau 6	Métier		Métier	Métier		Métier	Métier	Métier
Coef. CC. III	Niveau 5				Métier	Métier			
	Niveau 4	Métier	Métier	Métier		Métier	Métier		Métier
Coef. CC. II	Niveau 3	Métier						Métier	Métier
Coef. CC. I	Niveau 2		Métier		Métier	Métier	Métier		
	Niveau 1	Métier	Métier	Métier		Métier	Métier		Métier

Classification des métiers et des familles professionnelles

Cette méthodologie repose sur le principe que les métiers positionnés à un même niveau ont des contributions en termes de valeur ajoutée (ou de poids) qui sont équivalentes et ce indépendamment de leur famille professionnelle. La pertinence du positionnement des différents métiers dans cette classification peut également être vérifiée par les correspondances avec les conventions collectives locales ou nationales. Cependant, bien que l'on puisse retrouver une certaine cohérence entre ces classifications, certaines entreprises peuvent aussi privilégier une famille professionnelle en fonction de leur activité (famille marketing dans la grande distribution, famille ingénierie dans l'industrie, etc.).

CONSEIL

Les avantages d'une classification

La création d'une classification s'avère un projet ambitieux, qui nécessite rigueur et connaissance des métiers et doit mobiliser l'ensemble des fonctions de l'entreprise. Ce projet présente cependant de nombreux avantages :

- identification des parcours de gestion de carrière et de mobilité interne (passerelles intra et inter familles) ;
- élaboration des niveaux de rémunération en fonction de la valeur ajoutée de chaque métier ;
- création d'un langage commun entre les différentes fonctions de l'entreprise, ce qui facilite la communication.

Phase 3 : le référentiel de compétences

Compétence et notions périphériques

En l'absence de consensus, il existe aujourd'hui de nombreuses définitions de la compétence. On observe dans la plupart des cas une assimilation de celle-ci à un savoir-faire fragmentaire. Les référentiels de compétences deviennent alors des listes hétéroclites et interminables qui perdent tout sens opératoire. Claude Lévy-Leboyer[8] remarque que « *le terme même de compétence mérite d'être défini avec clarté et d'être nette-*

8. Professeur émérite de Psychologie du travail à l'Université René-Descartes Paris V, Past Président de l'Association Internationale de Psychologie Appliquée et fondateur de ENOP (European Network of Organizational Psychology).

ment différencié de concepts voisins comme aptitudes, qualifications, savoir, savoir-faire, connaissances acquises, intelligence de la tâche, pour n'en citer que quelques-uns ». Le tableau ci-dessous explicite ces différentes notions illustrées d'exemples issus de référentiels d'entreprise.

Trait de personnalité	Ensemble de traits stables dans le temps qui représentent des dimensions variant en intensité et en fréquence selon les comportements. De nombreuses recherches convergent vers cinq mêmes dimensions de la personnalité[a] qui peuvent être évaluées par des tests de personnalité. *Référentiels* : ouverture d'esprit, confiance en soi, etc.
Valeurs	Croyances stables en la supériorité d'un style de conduite ou de vie, c'est-à-dire une finalité de l'existence. Les intérêts et les préférences sont alors des moyens pour atteindre certaines valeurs. Celles-ci sont le produit d'une histoire et se caractérisent par leurs dimensions abstraites, générales et fondamentales. Le système de valeurs auquel adhère une personne lui fournit des règles pour évaluer les conduites (celles des autres et la sienne). *Référentiels* : adhérer aux normes de l'organisation, porter les valeurs, etc.
Éthique/ morale	Références avec lesquelles une personne distingue ce qui est bien et ce qui est mal (par rapport à son éducation, à son vécu). Des référentiels de compétences comportementales dans les entreprises procurent parfois des cadres aux managers. *Référentiels* : honnêteté, intégrité, sens moral, etc.
Culture	Ensemble de connaissances et de comportements transmis socialement. *Référentiel* : culture d'entreprise
Aptitudes cognitives	Opérations intellectuelles nécessaires à l'analyse et à la résolution de problèmes, à la conception et à la réalisation de projets, etc. Certaines aptitudes cognitives peuvent être évaluées par des tests. *Référentiels* : apprendre vite, planifier, résolution de problèmes, etc.

.../...

Connaissances/ savoirs	Permettent la compréhension de situations et de problèmes. Acquis essentiellement par la formation initiale ou continue. On peut distinguer les connaissances générales ou déclaratives (concepts et savoirs disciplinaires), procédurales (méthodes et modes opératoires : « comment il faut faire ») et spécifiques à l'environnement professionnel (culture organisationnelle, codes sociaux). *Référentiel* : savoir
Expérience	Il ne peut y avoir de compétence sans expérience, car être compétent, c'est dépasser le stade de la connaissance seule par la mise en pratique dans un contexte précis. *Référentiels* : connaissance du marché, maîtrise du B2B, etc.
Savoir être ou compétence comportementale	Capacités d'adaptation d'un comportement ou d'une conduite à un contexte professionnel particulier qui permettent d'interagir efficacement avec autrui (individu ou groupe). *Référentiels* : leadership, sens de la négociation, de la communication, etc.
Savoir-faire opérationnel ou compétence technique/ fonctionnelle	Capacités à mener à bien des tâches professionnelles et permettant de réaliser des actes opératoires (tels que la définition des NVQ : National Vocational Qualification). *Référentiels* : savoir gérer un budget, évaluer des performances, etc.

Compétence et notions périphériques dans les référentiels

a. Théorie dite des « Big Five », qui décrit la personnalité en cinq dimensions et fait l'objet d'un large consensus : introversion-extraversion, bienveillance, caractère consciencieux, stabilité émotionnelle et ouverture d'esprit.

Définir la compétence

Si l'on considère que ces différentes notions sont périphériques à la définition de la compétence, on peut alors retenir la définition suivante : la compétence désigne une combinaison de connaissances, de valeurs, de traits de personnalité, d'expériences, de savoir être relationnel, de savoir-faire opérationnel, d'aptitudes cognitives, de morale et de culture. Cette compétence est contextualisée, car elle est développée en interaction avec les caractéristiques de l'environnement. Pour construire un référentiel de compétences, l'entreprise doit se donner une définition de la compétence qui soit opératoire et identifier les domaines de compétences pertinents pour les objectifs poursuivis.

Objectifs d'un référentiel de compétences

Un référentiel facilite l'inventaire des compétences existantes, généralement d'ordre technique (spécifiques au métier), fonctionnel et comportemental. Il permet en effet de répertorier les compétences de chaque salarié par rapport à la liste de compétences mentionnées dans le référentiel. Chaque salarié est associé à une liste de compétences (qui lui sont rattachées) ainsi qu'au niveau possédé pour chacune. Celui-ci est très important, car il facilite la gestion des évolutions de carrière. Le référentiel ne doit pas présenter un grand nombre de compétences. En effet, dans la mesure où celles-ci doivent être évaluées, il est important qu'elles soient peu nombreuses, concrètes et faciles à comprendre. Ces compétences doivent avoir des dénominations explicites afin que chaque collaborateur se les approprie facilement.

Une enquête menée par l'organisme de formation Demos et AEF[9] à l'été 2006 auprès de 250 entreprises, sur les pratiques en matière de gestion des compétences, illustre les enjeux associés.

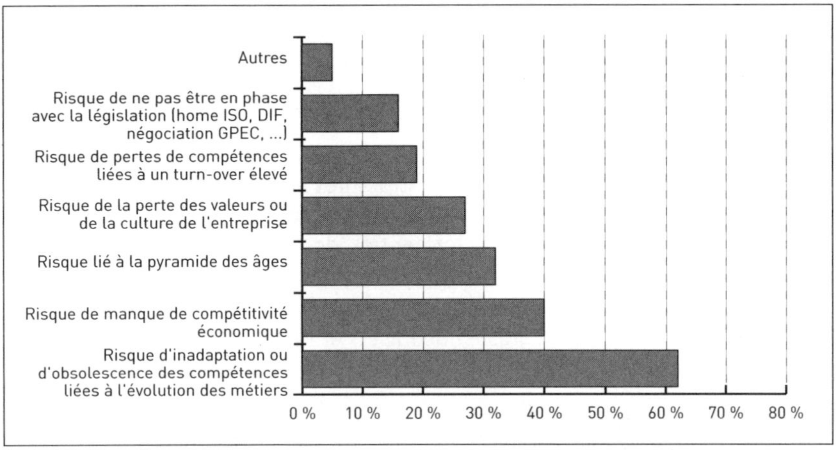

Enjeux de la gestion des compétences (enquête 2006 Demos – AEF)

Les trois premiers enjeux relèvent de la GPEC : anticiper l'évolution des métiers, maintenir la compétitivité de l'entreprise et anticiper l'évolution de la pyramide des âges.

9. Agence éducation formation.

Construire un référentiel de compétences

On peut distinguer six étapes principales dans la construction d'un référentiel de compétences.

1. Préparer l'élaboration du référentiel de compétences	Définir le cadre de la démarche compétences (concepts, approche, enjeux, objectifs et périmètre). Communiquer sur la démarche compétences (méthode et outils). Identifier les parties prenantes à impliquer dans la construction du référentiel de compétences.
2. Définir les domaines de compétences	Identifier et définir les domaines de compétences (technique, relationnel, comportemental, etc.). Identifier et définir les sous-domaines de compétences. Structurer et valider l'architecture des compétences.
3. Construire les échelles de niveaux	Déterminer les échelles et les niveaux (approche quantitative). Définir le contenu des niveaux (approche qualitative). Traduire le contenu des niveaux en comportements observables.
4. Tester le référentiel de compétences	Identifier les structures cibles (établissement, fonction, famille professionnelle) pour procéder au test. Tester le référentiel (domaines de compétences et échelles de niveaux). Évaluer les compétences avec le référentiel (requises/acquises) et mesurer les écarts (développement ou potentiel de promotion).
5. Valider le référentiel de compétences	Valider le référentiel. Communiquer et diffuser le référentiel. Utiliser le référentiel.
6. Actualiser le référentiel de compétences	Définir les règles de gestion et de modification du référentiel. Être à l'écoute des utilisateurs (managers, salariés, RH, etc.). Organiser les circuits d'information sur le référentiel (remontée du feed-back et diffusion du référentiel actualisé).

Il est important d'identifier et de sélectionner des domaines de compétences dont le champ soit relativement large pour que le référentiel s'inscrive dans la durée. En effet, un domaine de compétences trop détaillé perd non seulement de son caractère opératoire, mais est également trop limitatif pour de nombreux métiers dans lesquels l'autonomie, l'initiative et la créativité peuvent rapidement sortir du cadre de référence.

Évaluer les compétences

La déclinaison des compétences en comportements observables facilite la compréhension et la lecture du référentiel. En effet, ce dernier doit intégrer à la fois les domaines de compétences, mais aussi les comportements des salariés pour réussir dans les situations professionnelles. On peut ainsi croiser sur une matrice les différents domaines de compétences avec les niveaux de développement de celles-ci.

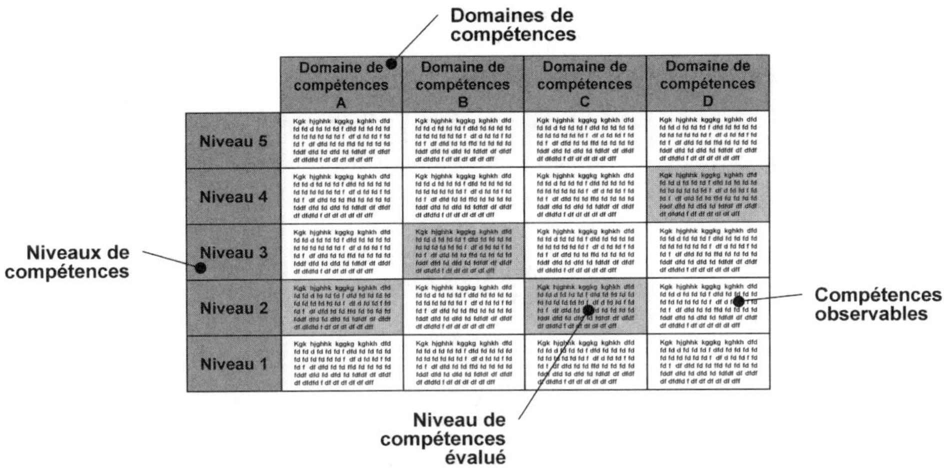

Référentiel de compétences observables

Cette approche présente l'avantage d'être opératoire et facilement appréhendée par les managers opérationnels qui, après une séance de formation au modèle, peuvent apprécier les compétences de leurs salariés. Ceux-ci peuvent alors mesurer leurs niveaux de développement et identifier leurs axes de progression. L'évaluation des compétences constitue un indicateur utile pour identifier les parcours de carrière possibles.

Échelles quantitatives		Échelles qualitatives			
A	5	Approfondi	Expertise	Stratégique	Pilote
B	4	Diversifié	Conseil	Changement	Organise
C	3	Expérimenté	Maîtrise	Gestion	Coordonne
D	2	Professionnel	Apprentissage	Développement	Gère
E	1	Élémentaire	Non acquis	Émergent	Conseille

Exemples d'échelles et niveaux de compétences

Il est également possible de raisonner *a contrario* par des exemples de compétences et/ou de comportements dont le niveau est inacceptable dans l'organisation (niveau 0 en quelque sorte). L'approche quantitative et qualitative des compétences peut alors constituer le cœur non seulement de la GPEC, mais aussi de la politique RH de l'entreprise.

La compétence au cœur de la GRH

La transformation des pratiques par une culture de compétences peut positionner cette démarche au cœur de la politique RH.

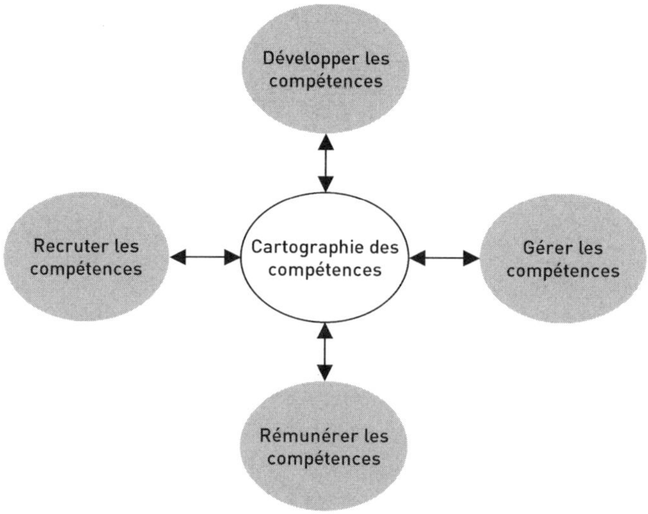

La compétence au cœur des pratiques RH

En effet, la mise en œuvre d'une démarche compétences permet de :

- identifier et gérer le vivier de compétences de l'entreprise (actuelles et futures) ;
- développer les compétences, à la fois qualitativement (polyvalence) et quantitativement (performance) ;
- rémunérer les compétences (politique salariale liée aux niveaux) ;
- recruter les compétences (évaluation des niveaux recherchés).

Un référentiel de compétences constitue donc un outil aux enjeux extrêmement sensibles (évaluation, rémunération, etc.). Il doit non seulement être largement communiqué et explicité à l'ensemble des parties prenantes, mais également s'appliquer concrètement et simplement aux situations professionnelles réelles auxquelles les salariés sont confrontés. Si sa co-élaboration facilite l'acceptation de l'outil – car les différents acteurs se l'approprient – elle favorise aussi la richesse des échanges. Il est donc important de déterminer l'ambition que la direction souhaite donner au projet.

Les pièges à éviter

Les difficultés et les risques à contourner lors de la construction d'un référentiel de compétences sont de trois types.

Le premier est le niveau de zoom. En effet, une hauteur de vue trop élevée sur les compétences métier rend le référentiel superficiel et inutilisable sur le plan opératoire. À l'inverse, la recherche de la plus petite compétence commune débouche sur un outil complexe, lourd et inutilisable.

La fiabilité du référentiel, elle, désigne un outil dynamique devant être mis à jour régulièrement en fonction des évolutions de l'organisation et des métiers, sous peine d'être inadapté à la réalité du terrain.

Enfin, le référentiel de compétences se doit d'être opératoire et d'éviter de noyer ses utilisateurs dans une documentation trop complexe. Il nécessite donc d'être facilement compréhensible et utilisable.

Notons que dans de trop nombreuses entreprises, les référentiels de compétence ne sont finalement pas utilisés : ils sont peu opératoires et rarement actualisés.

CONSEIL

La complémentarité d'un référentiel des métiers et de compétences

La combinaison de ces deux outils permet de :

- faciliter la lecture des postes à pourvoir et des compétences associées ;
- favoriser la mobilité interne au sein de la société (et donc la gestion des flux de compétences) ;
- définir un langage commun autour des métiers et des compétences au sein de l'entreprise ;
- faciliter l'identification et le développement des compétences ;
- permettre la création de passerelles inter métiers et le parcours des carrières professionnelles dans l'entreprise ;
- favoriser la création de réseaux professionnels autour des mêmes familles de métiers et/ou de compétences.

Une fois les besoins futurs identifiés, il est possible de mettre en œuvre des actions de GRH visant à réduire les écarts entre les compétences actuelles et celles dont l'entreprise aura besoin à l'avenir.

Ces différents outils et techniques facilitent une identification précise de l'état actuel des métiers, des compétences et des ressources de l'entreprise.

Phase 4 : les modes d'entrée dans la GPEC

Il existe différents modes d'entrée dans la mise en œuvre d'une démarche GPEC, en fonction des problématiques d'adaptation des emplois et des compétences, de la taille de l'entreprise, de son projet stratégique ou encore de sa culture et de ses modes de fonctionnement. Ces approches ne s'opposent pas et peuvent même être complémentaires.

La GPEC par les établissements

Cette approche est plus décentralisée et très opérationnelle, car centrée sur les enjeux spécifiques à un établissement et à la politique de l'emploi locale. La gestion prévisionnelle est alors focalisée sur les flux de personnel de l'établissement en fonction des objectifs stratégiques pour ce dernier. Cette approche de la GPEC est beaucoup plus spécifique : elle peut en effet être mise en place de manière différenciée au niveau de chaque établissement. Cette méthode présente l'avantage d'une réponse de proximité et personnalisée aux enjeux locaux, mais elle est plus complexe à consolider en termes de synergies. Le choix de cette approche est souvent lié à un mode de fonctionnement centralisé ou décentralisé dans les entreprises à multi-établissements ou dans les groupes. Cette approche permet d'intégrer la démarche de l'entreprise aux actions menées dans le bassin d'emploi local. Cela s'avère particulièrement utile pour les problématiques quantitatives ou encore la formation.

La GPEC par les métiers sensibles

L'entrée dans la GPEC par les métiers sensibles, clés ou prioritaires, constitue une approche aujourd'hui privilégiée par de nombreuses entreprises. Elle permet de se recentrer uniquement sur les métiers à enjeux économiques et sociaux importants pour l'entreprise. Les métiers dits « sensibles » sont définis par différentes problématiques.

Métier en émergence	Croissance des besoins dans un métier où l'entreprise ne dispose pas des compétences nécessaires en quantité suffisante pour les prochaines années alors que l'évolution quantitative est significative.
Métier en transformation	Métier qui connaît une évolution qualitative significative en termes de compétences, ce qui nécessite un plan d'adaptation collectif.
Métier stratégique	Cœur de métier pour lequel l'entreprise doit assurer la pérennité de son savoir-faire et de ses compétences.
Métier en disparition	Décroissance quantitative significative dans un métier où il est nécessaire d'identifier le nombre de postes concernés et de mesurer dans quelle échelle de temps ils vont disparaître.
Métier difficile à pourvoir	Métier qui présente des difficultés de recrutement (pénurie de main-d'œuvre, insuffisance de formation par le système scolaire ou longue période d'apprentissage).
Métier à risques	Fragilité de la pyramide des âges sur un métier avec un manque d'expérience (excès de salariés jeunes) ou un déficit de renouvellement (excès de salariés anciens).

Pour chaque métier, il est nécessaire de réaliser :

- une cartographie des effectifs par métier ;
- une identification des compétences associées à chaque métier ;
- une projection des effectifs par métier.

Les enjeux liés à ces différents métiers dits « sensibles » se caractérisent par deux axes :

- logique de croissance (métier en développement) ou de décroissance (réduction, voire disparition du métier) ;
- problématique interne (métiers au sein de l'entreprise en évolution) ou externe (métiers dont il faut recruter les compétences en dehors de l'entreprise).

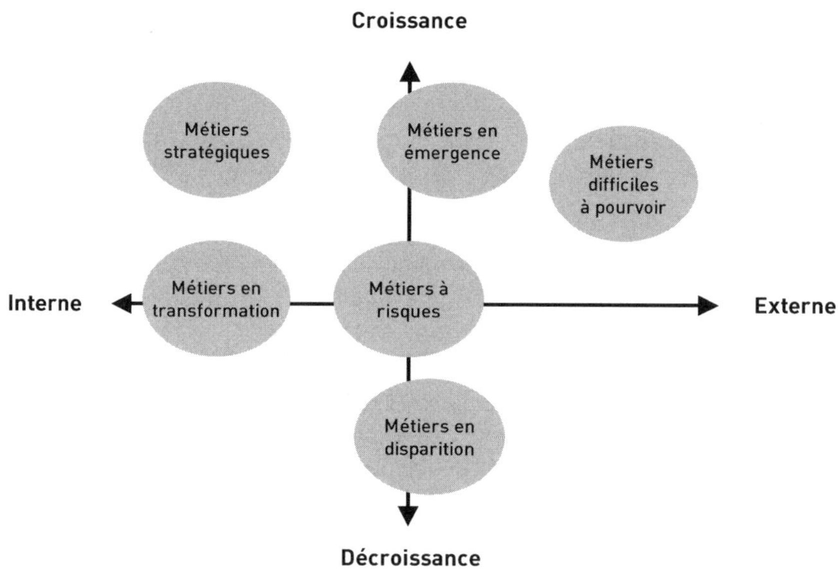

Positionnement des métiers en fonction des enjeux

La GPEC par le plan stratégique

À partir du plan stratégique défini, il s'agit d'identifier les structures d'organisation nécessaires à l'atteinte des objectifs ainsi que les besoins en compétences, puis de mesurer les effets des changements organisationnels sur les emplois et les compétences afin de les adapter. La projection de la structure d'emplois prévisionnelle permet d'adapter la structure actuelle à l'ensemble des processus RH (recrutement, formation, mobilité, départs, etc.).

La GPEC par les familles professionnelles

Enfin, une approche qui s'applique davantage aux groupes et aux entreprises de taille importante consiste à entrer dans la GPEC par l'identification de familles professionnelles avec une classification des métiers au sein de chaque famille. La constitution de ces répertoires permet à la fois d'y gérer les parcours professionnels, mais aussi de mesurer les possibilités de mobilité d'une famille à l'autre en fonction de la proximité des compétences. Généralement, la mise en œuvre de cette démarche GPEC se focalise sur une famille professionnelle spécifique dans un premier temps. Ce choix, effectué en fonction des priorités et des enjeux pour l'entreprise, doit pouvoir être facilement expliqué et communiqué aux parties prenantes.

Analyse commune à chaque approche

Pour chaque famille professionnelle et/ou type de métiers, l'analyse GPEC doit intégrer l'ensemble des données socio-économiques de chaque population concernée, dont la répartition peut être :

- par localisation géographique ;
- par sexe ;
- par tranche d'âge ;
- par ancienneté ;
- par classification (légale ou organisationnelle) ;
- par niveau de formation (initiale ou continue) ;
- par nombre de rotations de postes (indicateur sur la polyvalence et l'employabilité) ;
- par niveau de performance/potentiel (possibilités de mobilité horizontale et/ou verticale) ;
- par souhait de mobilité géographique (identification des salariés mobiles).

Ces analyses permettent d'obtenir différents états sur les effectifs pour faciliter le pilotage de la GPEC.

La mobilisation des acteurs

Dans un contexte de développement et de croissance, il est important de construire des relations durables avec l'ensemble des parties prenantes internes et externes et de ne pas attendre que la situation se détériore. La solidité de ces liens facilite la mise en œuvre et la réussite des démarches de changement.

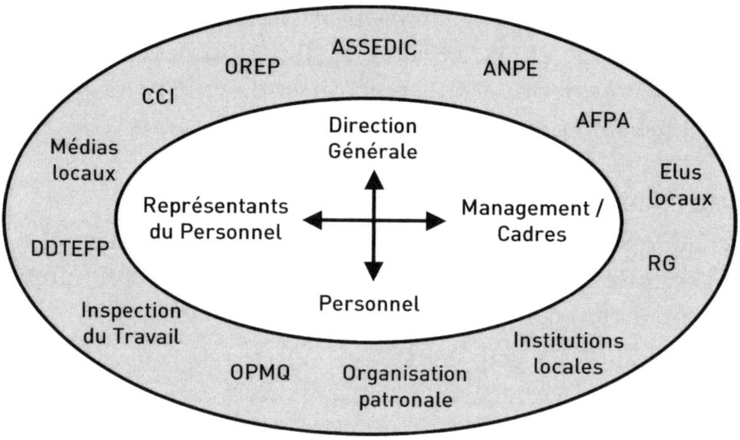

Les parties prenantes internes et externes

Les parties prenantes internes

Construire le dialogue social avec les représentants du personnel (RP)

La pratique du dialogue social et une culture de politique sociale contractualisée constituent des bases solides sur lesquelles il est possible de construire la négociation de la GPEC. Le dialogue social représente un véritable levier de compétitivité lorsqu'il s'inscrit dans la réalité et ne s'apparente pas à un artifice politique. Ainsi, un représentant d'une organisation syndicale (OS) expliquait dans une entreprise où le dialogue social était une réalité depuis plusieurs années : « *On n'a pas attendu que cela aille mal pour se parler, s'écouter, se connaître et… travailler ensemble.* » En effet, les relations avec les partenaires sociaux sont à l'image de l'entreprise… et de son management (« *on a les relations socia-*

les que l'on mérite »). Enfin, la diversité s'applique également aux partenaires sociaux : mener une négociation avec plusieurs OS est préférable à la confrontation avec une seule OS en situation de monopole.

Mobiliser le management

Le succès de la mise en œuvre d'un dispositif de GPEC nécessite une implication du management dans l'ensemble des étapes de la démarche. Ce projet doit être construit collectivement et porté par l'encadrement, pas seulement par la direction. Il est également nécessaire « d'éduquer » le management sur les relations sociales au sein de l'entreprise, car son comportement a un impact direct sur la qualité de ces dernières dans l'entreprise. La direction doit donc se positionner activement dans la gestion de cette sensibilisation.

Associer les salariés

Les salariés de l'entreprise doivent impérativement être impliqués dans la mise en œuvre de la démarche GPEC et les changements que l'entreprise va vivre. Leur implication dans la description de leur métier et l'identification des compétences mises en œuvre contribue largement au succès de la démarche GPEC. En effet, en étant ainsi associés à l'élaboration, les salariés peuvent plus facilement s'approprier la démarche et mieux comprendre leur positionnement dans l'organisation.

Les parties prenantes externes

La direction, et plus généralement le DRH, doit élaborer avec de nombreuses parties prenantes externes des relations durables qui vont faciliter la mise en œuvre des projets de l'entreprise.

Ainsi, la Direction départementale du travail, de l'emploi et de la formation professionnelle (DDTEFP) a un pouvoir d'appréciation sur le contenu d'un accord GPEC dont la négociation est une obligation légale. L'instruction ministérielle du 16 mai 2006 demande aux DDTEFP d'identifier les entreprises soumises à l'obligation triennale de négociation d'un accord de GPEC et de vérifier si les négociations ont eu lieu et si elles ont abouti ou non à un accord.

L'ANPE, elle, est à la fois un vivier de candidatures potentielles pour les besoins de recrutement de l'entreprise, mais aussi l'accompagnatrice des salariés dont les postes pourraient être supprimés.

Quant aux branches professionnelles, il s'agit d'acteurs clés qui accompagnent les entreprises dans de nombreux domaines (GPEC, démarche compétences, formation, recrutement, cellule emploi, etc.).

Pour sa part, l'Association pour l'emploi dans l'industrie et le commerce (Assédic) désigne l'organisme chargé d'accueillir, d'informer et d'inscrire sur sa liste tout demandeur d'emploi entrant dans le cadre du Plan d'aide au retour à l'emploi (PARE) et/ou de la Convention de reclassement personnalisée (CRP), ainsi que de verser les allocations chômage.

Les chambres de commerce et d'industrie (CCI) possèdent généralement une bonne connaissance du bassin d'emploi local. Ainsi, elles vont jouer un rôle dans l'accompagnement des salariés qui vont créer ou reprendre des activités. Elles ont également une bonne visibilité sur les opportunités d'activités à céder.

Quant à l'Association de formation professionnelle des adultes (Afpa), forte de presque 12 000 salariés, elle couvre l'ensemble du territoire avec quatre principaux métiers (orientation, formation, certification et ingénierie de formation). En 2002, l'Afpa affichait un taux d'accès à l'emploi de 80 % dans les six mois suivant l'obtention d'un titre professionnel. Premier organisme de formation en France et aujourd'hui associée aux Maisons de l'Emploi, c'est un acteur important dans l'adaptation et la reconversion des salariés.

Enfin, différentes institutions et organisations locales (Maisons de l'emploi, conseils régionaux, communautés d'agglomération, etc.) peuvent également apporter une aide dans l'apprentissage, la formation, la reconversion de salariés, la réactivation du bassin d'emploi local ou encore des conseils et des supports spécifiques (accompagnement de salariés souffrant de handicap, etc.).

L'implication des acteurs

Bien que la légitimité de la GPEC soit garantie par les dirigeants, il est également nécessaire d'obtenir l'adhésion réelle et sincère des parties prenantes en interne qui vont faire de cette GPEC une réalité. Or, la mise en place d'une GPEC se heurte souvent à beaucoup de scepticisme, voire d'hostilité de la part de certains acteurs (management voyant sa charge de travail s'accroître, IRP luttant contre l'individualisation de la démarche, etc.). Il est donc indispensable de déployer la GPEC par un mode de gestion de projet.

Définir le comité de pilotage

Le projet de GPEC ne doit surtout pas être considéré comme le projet de la DRH, mais comme celui de l'entreprise qui répond à des enjeux stratégiques. Le DRH peut donc jouer un rôle de facilitateur entre la direction, le management et le personnel, mais ne doit en aucun cas porter ce projet seul, car c'est alors garantir l'échec de la démarche. La composition du comité de pilotage varie selon la culture et les pratiques des entreprises. Cependant, il est souvent composé de :

- représentants des différentes familles professionnelles/métiers (le responsable hiérarchique ou un professionnel reconnu dans sa fonction). Il est impératif que ces représentants disposent d'une forte capacité d'analyse et de recul par rapport aux pratiques de leur métier (idéalement, une double compétence opérationnelle et fonctionnelle) ;
- responsable de la fonction ressources humaines (le DRH ou le responsable emploi et carrières ou formation) ;
- consultants de l'éventuel organisme conseil retenu afin d'accompagner la démarche dans l'entreprise.

Le rôle du comité de pilotage consiste à garantir le bon déroulement de la démarche GPEC et sa cohérence par rapport aux objectifs identifiés. Le comité doit aussi s'assurer de la mobilisation des ressources nécessaires, car c'est l'encadrement qui va faire de cette GPEC une réalité, par sa mise en œuvre et son inscription dans les pratiques courantes de l'entreprise.

Constituer les groupes métiers et compétences

Afin de déployer la démarche GPEC au sein de chaque famille de métiers, il est nécessaire d'organiser un groupe de travail avec les différentes compétences :

- un ou plusieurs titulaires pour chaque métier, avec idéalement des salariés ayant occupé différentes fonctions afin de pouvoir prendre du recul par rapport au métier étudié ;

- un ou plusieurs responsables hiérarchiques pour leur vision du métier ;
- le représentant de la famille professionnelle, porteur de la démarche pour sa famille de métiers (généralement un responsable hiérarchique, mais pas nécessairement celui ayant le statut le plus élevé) ;
- l'animateur de la démarche GPEC (souvent le DRH, mais parfois un opérationnel porteur de la démarche). Il peut ainsi expliquer la méthode, s'assurer de sa bonne application. Il joue également un rôle de facilitateur et capitalise l'ensemble des informations évoquées ;
- le responsable de la formation, de par son expertise sur les besoins de formation, mais également afin d'être intégré dans une démarche dans laquelle il aura un rôle clé à jouer ;
- les personnes possédant les informations sur les changements à venir dans l'entreprise et qui seront à même d'expliquer sa stratégie.

L'animateur, avec l'aide des éventuels consultants externes, est le garant méthodologique de la démarche. Il joue un rôle de facilitateur par sa connaissance de la gestion des emplois et des compétences et aide ainsi à réaliser la cartographie des métiers et l'inventaire des compétences. Les résultats des travaux doivent être transmis régulièrement au comité de pilotage.

Communiquer sur la GPEC

La signature d'un accord GPEC avec les OS et l'avis généralement positif du CCE et/ou du CE représente l'opportunité de faire de la GPEC un outil de dialogue social. Il est important de communiquer auprès des salariés sur les finalités d'un tel accord et de valoriser les bénéfices qu'ils en retirent.

Une communication simple et positive sur la GPEC, qui se traduit véritablement en actions concrètes pour le salarié, doit accompagner l'inscription de ces pratiques dans la durée.

Contenu	Calendrier	Cible	Moyen
Information de démarrage des négociations sur la mise en œuvre d'une démarche GPEC Communications sur le déroulement des négociations	Avant et pendant les négociations	Personnel	Affichage interne (panneaux d'affichage, intranet)/ liste de diffusion par e-mail
Information sur la signature d'un accord GPEC	Information du CCE/CE et communication au personnel	Personnel	Accord GPEC
Communication et formation du management sur la GPEC (objectif, missions, moyens et outils)	Après l'information sur la signature de l'accord GPEC	Management	Package GPEC : objectifs, moyens et outils
Déploiement de la communication sur la GPEC par le management	Après la formation des managers	Personnel	Réunions d'équipes, communication orale

Tableau de bord de communication interne sur la GPEC

La négociation des accords

Deux types d'accords peuvent couvrir les modalités de mise en œuvre et de suivi de la gestion prévisionnelle :

- l'accord de méthode définit la composition du groupe de négociation et les modalités de cette même négociation, que ce soit sur le thème de la GPEC ou de la gestion d'un éventuel futur PSE ;
- l'accord de GPEC formalise la démarche, sa traduction en différentes actions de GRH ainsi que les modalités d'application et de suivi de la GPEC.

L'accord de méthode

Il s'agit d'accords d'entreprise qui organisent la négociation. Inscrits à titre expérimental dans la loi Fillon du 3 janvier 2003, ils ont été enrichis et pérennisés par la loi Borloo du 18 janvier 2005, dite de cohésion sociale et intégrés au Code du travail sous l'article L.320-3. Ce type d'accord relève de la législation qui s'applique aux accords d'entreprise : il ne peut donc être signé que par les délégués syndicaux (DS). Un CCE ou un CE n'est pas habilité à signer un tel accord.

Le contenu d'un accord de méthode

Un accord de méthode se structure généralement de la manière suivante.

Chapitre	Contenu
Préambule	Cadre général de l'accord Intentions des parties signataires
Mission	Définition des missions du groupe de négociation Liste des différents sujets à aborder
Composition	Direction (généralement DRH et P-DG/directeur de l'établissement) Représentants du personnel : négocier le nombre de membres et leur désignation. Ils doivent évidemment être issus des différentes organisations syndicales (seules habilitées à signer l'accord), mais aussi du CCE ou du CE (généralement le secrétaire).
Fonctionnement	Lieu des réunions Dates de réunion (ou rythme) Établissement de l'ordre du jour Forme et diffusion des rapports de réunion Éventuelles réunions préparatoires Paiement des heures passées en réunion ou pour les préparer Intervention éventuelle d'un expert (choix, mission, paiement des honoraires)
Durée et dépôt légal	Accord à durée déterminée qui doit être déposé auprès des autorités administratives : DDTEFP et conseil de prud'hommes

L'accord de méthode crée ainsi le groupe de négociation de la GPEC.

Pourquoi un accord de méthode ?

Il permet d'organiser et de cadrer dans le temps la négociation de sujets délicats. Ce type d'accord doit s'inscrire dans une culture de dialogue social instaurée par la direction avec les partenaires sociaux et non pas surgir brutalement. Il s'agit de proposer aux RP d'anticiper d'éventuelles problématiques futures en travaillant ensemble dès aujourd'hui sur les solutions possibles et les moyens à mettre en œuvre.

CONSEIL

Pourquoi former un groupe de négociation ?

La composition du groupe de négociation est généralement plus restreinte que celle du CCE ou du CE, ce qui permet des discussions plus efficaces. Celles-ci sont à la fois plus complètes et plus directes, car elles ne sont pas enfermées dans des règles de procédure. Le contenu des séances du groupe de négociation ne fait l'objet d'aucun autre formalisme que l'objet de la mission défini dans l'accord de méthode.

L'accord GPEC

Les nouvelles obligations en matière de GPEC

La loi de cohésion sociale du 18 janvier 2005 impose aux entreprises de plus de trois cents salariés d'engager une négociation sur la GPEC tous les trois ans. Ces entreprises ont cependant jusqu'au 18 janvier 2008 pour respecter cette obligation. L'objet de la négociation doit porter sur :

- les modalités d'information et de consultation des CCE/CE sur la stratégie de l'entreprise et ses effets prévisibles sur l'emploi et sur les salaires ;
- la mise en place d'un dispositif de GPEC ainsi que les mesures d'accompagnement susceptibles de lui être associées, en particulier de formation, de validation des acquis de l'expérience (VAE), de bilan de compétences et d'accompagnement de la mobilité professionnelle et géographique des salariés.

Cette obligation illustre la volonté du législateur d'associer de plus en plus étroitement les OS en amont dans la discussion sur les enjeux liés aux impacts des orientations stratégiques sur l'emploi. Cette évolution renforce le rôle des OS par rapport aux attributions traditionnelles des CCE/CE sur les prévisions d'emploi.

LE SAVIEZ-VOUS ?

En cas d'échec des négociations au niveau d'un groupe, les entreprises de plus de trois cents salariés membres de ce même groupe sont toujours assujetties à l'obligation triennale de négociation sur la GPEC. En effet, ce n'est que lorsque l'accord a été conclu sur les thèmes inclus dans l'obligation de négociation triennale que les entreprises du groupe sont dispensées de négociation à leur niveau.

Schéma type d'un accord GPEC

Un accord de GPEC se structure en deux grandes parties :

- la présentation de la démarche GPEC ;
- les différents plans d'actions RH en support de la mise en œuvre de la GPEC.

Contexte et enjeux	Environnement économique et concurrentiel Principaux enjeux pour l'entreprise
Gestion des IRP	Modalités de consultation et d'information des CCE et CE de l'entreprise (calendrier, nature)
Démarche GPEC	Principes de gestion de l'emploi Création d'un observatoire des métiers et des compétences (composition, missions, modalités de fonctionnement) Construction d'un référentiel des métiers et des compétences Mode d'entrée dans la GPEC (métiers sensibles, etc.) Analyse prospective des emplois et des compétences
Gestion des carrières	Modalités des promotions (passage cadre, etc.) Parcours professionnels Modalités du congé de mobilité

…/…

Accompagnement des salariés	Entretien annuel d'appréciation des performances (EEAP) Entretien de mi-carrière Entretien professionnel Bilan de compétences
Formation professionnelle	Modalités du droit individuel à la formation (DIF) Passeport formation Gestion du plan de formation Apprentissage et professionnalisation Modalités de la VAE Gestion du congé individuel de formation (CIF) Formations de reconversion
Dispositif de mobilité interne	Moyens de communication sur les postes à pourvoir Modalités de gestion et d'accompagnement de la mobilité métier et/ou géographique Création d'un espace mobilité interne
Gestion des fins de carrières	Modalités de réduction du temps de travail (passage au temps partiel, rachat de trimestres, etc.)
Commission de suivi	Composition, missions, rythme
Durée et dépôt légal	Accord à durée déterminée qui doit être déposé auprès des autorités administratives : DDTEFP et conseil de prud'hommes

Schéma type d'un accord GPEC

Le processus de négociation

Pédagogie, répétition et patience constituent les méthodes de la direction pour expliquer la démarche aux RP. Aux réunions officielles, dont nous allons détailler les enjeux plus loin, s'ajoutent les discussions « off » qui ont lieu entre les réunions de négociation. Elles permettent d'échanger avec bien plus de liberté et de transparence sur les approches et les marges de manœuvre des différentes parties. Ainsi, la gestion des désaccords entre les différents RP peut aussi offrir des opportunités à exploiter dans la gestion de la négociation.

Négocier un accord de méthode

La difficulté ici consiste à convaincre les OS d'intégrer cette procédure complémentaire à celle de l'accord GPEC. En effet, si pour l'employeur ce dispositif vise à gérer les modalités de négociation non seulement de la GPEC, mais aussi d'un futur et éventuel PSE, les RP peuvent être réticents à s'engager dans une méthode qui détermine *a priori* la gestion d'un PSE. Ils ne souhaitent ainsi pas donner l'impression au personnel de valider *a priori* un projet de la direction impliquant des licenciements. C'est pourquoi les RP ne vont pas s'engager dans un tel dispositif sans disposer de contreparties conséquentes[10].

Négocier un accord GPEC

Le thème de la GPEC est un sujet positif à négocier, car il a pour objet l'évolution des métiers et de l'emploi ainsi que le développement des salariés. Cependant, la logique qui sous-tend le dispositif met en avant les compétences individuelles (de l'entretien annuel au parcours dans l'entreprise), ce qui rend difficile la défense collective des salariés. C'est pourquoi les IRP reprennent leurs réflexes de négociation sur les sujets plus collectifs, tels que la nature et les montants des aides à la mobilité géographique, l'importance des moyens de formation, etc. Enfin, la direction a l'initiative dans l'élaboration de la démarche GPEC, la mise en œuvre d'un observatoire des métiers, etc. On peut cependant identifier différents points de négociation.

Structure	Points de négociation
Gestion des IRP	Rôle des OS, des IRP et des commissions éventuelles (observatoire, etc.)
Démarche GPEC	Objectifs et modalités de la démarche
Gestion de carrières	Outils et moyens (différents types d'entretiens, bilans de compétences, etc.)
Accompagnement des salariés	Modalités d'accompagnement des métiers en croissance et en décroissance
Formation professionnelle	Nature et montant des différents outils de développement (DIF, VAE, plan de formation, etc.)

.../...

10. Voir la négociation d'un accord de méthode en contexte de PSE (page 152).

Dispositif de mobilité interne	Nature et montant des différentes aides Exclusivité des offres pour l'interne, voire pour l'établissement concerné Rythme des mises à jour et de la transmission des informations Identification des supports de communication (intranet, brochures papier, bornes interactives, transmission avec la fiche de paie, etc.)
Gestion des fins de carrières	Nature et moyens de gestion des fins de carrières (temps partiel, préretraite, préparations, rachat de trimestres, etc.)
Commission de suivi	Nature et périodicité des réunions Mission et sujets (bilan, point d'étape, projets)

Points de négociation de la GPEC

La direction doit convaincre les différentes OS et IRP que la négociation d'un accord GPEC n'est pas simplement un habillage destiné à se mettre à l'abri de toute contestation en cas de démarche de PSE. La GPEC ne doit pas être considérée comme un outil pour ceux qui restent par opposition au PSE, mais viser le développement et l'accompagnement de l'ensemble des salariés de l'entreprise.

Argumentation et revendications des OS

Il est possible que les OS tentent de démontrer que les mesures présentées par la direction relèvent davantage du reclassement que d'une véritable anticipation de l'évolution des métiers. La GPEC est alors considérée comme un outil de sélection dans un cadre de suppressions d'emplois. C'est pourquoi la défense de l'emploi par la GPEC constitue souvent le fil conducteur de leur argumentation, qui s'articule sur les différents points suivants.

Sécurisation des salariés	Maintien du niveau de qualification, de salaire et de statut social dans une mobilité fonctionnelle ou géographique Respect du volontariat aussi bien pour la mobilité géographique que pour les changements de métiers
Implication des IRP	Respect des prérogatives des CE et des CCE Suivi et contrôle à tous les niveaux du dispositif GPEC (accompagnement des changements de métiers, des mobilités géographiques, etc.)

.../...

Sécurisation de l'emploi	Garantie de ne procéder à aucun licenciement économique pendant la durée de l'accord (engagement dangereux pour l'entreprise) Sécurisation des parcours internes ou externes
Qualité des objectifs et des moyens	GPEC pour favoriser un emploi futur stable, de qualité et bien rémunéré (requête évidemment trop générale) Importance des moyens de développement Construction de parcours qualifiants et valorisants
Accès à l'information	Remontée d'informations quantitatives et qualitatives sur l'ensemble des thèmes traités dans l'accord GPEC Intervention en GPEC des différents directeurs de divisions/lignes de produits pour un accès direct à l'information et aux échanges

Argumentation des OS dans la négociation GPEC

Dans un souci de cohérence et de crédibilité, il est important que les négociateurs RH soient alignés sur la stratégie et la communication de la direction. En effet, une communication inadaptée a parfois pu donner l'impression que les négociateurs fonctionnaient en parallèle sans communiquer avec les dirigeants de l'entreprise, ce qui limite considérablement les chances de succès de la négociation.

LE SAVIEZ-VOUS ?

Même si l'employeur dispose de trois ans pour engager les négociations sur la GPEC, une OS peut en demander l'ouverture afin d'inciter la direction à mettre en œuvre une démarche GPEC. Il est alors risqué pour l'employeur de refuser d'entamer la négociation, en particulier si la situation économique de l'entreprise n'est pas véritablement saine. En effet, dans le cadre d'un éventuel PSE avant la date limite de négociation, ce dernier risque d'être annulé.

Enfin, ces différents accords négociés avec les OS doivent impérativement faire l'objet des procédures d'information et de consultation des CCE et/ou des CE.

À RETENIR

- La démarche de GPEC doit être totalement intégrée à la stratégie et au projet d'entreprise.
- Différentes méthodes de diagnostic facilitent l'élaboration de la stratégie à partir de laquelle il faut mesurer l'impact sur l'emploi et intégrer la GPEC.
- L'identification des grandes familles de métiers permet de réduire la nomenclature des postes et facilite l'identification des compétences.
- La construction du référentiel de compétences doit s'appuyer sur l'analyse de situations réelles auxquelles les salariés sont confrontés.
- Il existe différents modes d'entrée dans la GPEC qui favorisent une approche plus simple et plus ciblée des priorités de l'entreprise.
- Le développement de relations durables avec l'ensemble des parties prenantes internes et externes est indispensable à la mise en œuvre de tout grand projet (GPEC, PSE, etc.).
- Les entreprises de plus de trois cents salariés ont une obligation triennale de négociation sur la GPEC et ce avant 2008.
- Un accord de méthode permet d'organiser la négociation de la GPEC et le rôle des IRP, mais aussi d'anticiper les modalités de négociation d'un éventuel futur PSE.
- La démarche GPEC ne peut réussir sans être portée par les dirigeants de l'entreprise.

partie

2

Appliquer et piloter une GPEC

« Les profils d'aujourd'hui font les investissements de demain et les emplois d'après-demain. »

Helmut Kohl

3

Déployer les actions de GRH

Une fois les décisions prises dans la démarche GPEC, elles doivent être traduites en plan d'actions RH. L'approche retenue dissocie les actions de gestion de l'emploi du développement des compétences.

La gestion de l'emploi

Les relations écoles, recrutement et intégration

Le besoin de nouvelles compétences, l'anticipation des départs, l'enrichissement par de nouvelles approches et cultures se traduit par le recrutement et l'intégration dans l'entreprise. Développer l'image de cette dernière pour attirer les meilleurs profils constitue alors un facteur de différenciation.

Attirer les talents

Dans la guerre des talents, l'entreprise doit se valoriser pour faciliter le recrutement externe : l'accroissement du nombre de candidatures favorise un choix qualitatif permettant ainsi de réduire les coûts de recrutement. Il est donc nécessaire de comprendre le processus de choix d'une entreprise qui varie selon les profils :

- critères de choix : niveaux de rémunération, opportunités de carrière, localisation géographique, équilibre de vie personnelle/professionnelle (temps de travail, culture, etc.), avantages sociaux, qualité de vie (crèche, œuvres sociales, etc.), etc. ;

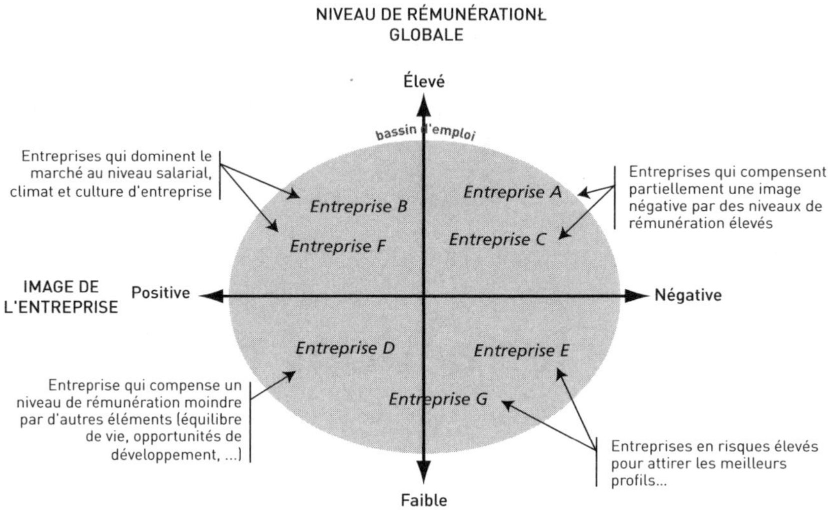

Exemple de positionnement des entreprises (« employer branding »)

- processus de recherche d'emploi : sources d'information (réseau d'école, revues professionnelles, etc.), modes de recherche et de sélection (Internet, presse locale, etc.) ;
- aspirations personnelles : choix de vie (investissement de carrière élevé, choix de temps partiel), projection à moyen ou à long terme (mobilité, etc.).

CONSEIL

Être attentif aux nouveaux supports de communication

Il est impératif pour une entreprise de se distinguer afin que son image capte les meilleurs talents. Ainsi, des publics très ciblés peuvent faire l'objet d'une communication sur des supports spécifiques. Certaines entreprises utilisent des blogs, *Second Life*, ou encore organisent des compétitions ludiques locales ou internationales pour développer leur image d'employeur.

Développer les relations avec les écoles

Le développement de relations de qualité avec les écoles représente un avantage concurrentiel important pour attirer et sélectionner les compétences dont l'entreprise a besoin. Ces partenariats sont gérés par un responsable « relations écoles » (« campus manager ») qui organise la communication de l'entreprise en direction des écoles et des universités pour identifier et attirer les jeunes talents. En fonction de la taille de l'entreprise, la fonction « relation écoles » peut constituer un métier à part entière ou une responsabilité partagée. L'entreprise peut s'engager formellement (charte « relations écoles », visites d'entreprise, pourcentage annuel de recrutement de stagiaires et autres contrats en alternance, etc.). Le développement des relations avec les écoles comprend différentes étapes :

- élaboration des outils de communication RH : brochure sur l'entreprise et ses opportunités, plaquette des offres de stages, etc. ;
- gestion du recueil des besoins : formalisation et communication des besoins de l'entreprise (stagiaires et contrats en alternance) ;
- identification des écoles cibles : par discipline, par établissement, par ville et par formation ;
- prise de contact et validation : développement de la relation avec les écoles cibles, identification des interlocuteurs privilégiés, accès aux informations ;
- gestion de la communication : diffusion des offres, présentation de la société et des opportunités auprès des établissements et de leurs étudiants ;
- création de partenariats : de l'entreprise d'accueil privilégiée à la mise en œuvre de formations spécifiques pour répondre aux nouveaux besoins des entreprises ;
- études RH : évaluation de l'image de l'employeur, retour d'expérience des salariés encadrants et des stagiaires.

Recruter et intégrer les nouveaux embauchés

Les nouveaux embauchés peuvent être accompagnés, non seulement par leur hiérarchie directe, mais également par un « tuteur », qui doit s'assurer que l'intégration s'effectue dans les meilleures conditions possibles. Le responsable hiérarchique, lui, est chargé de veiller à la mise en œuvre du processus d'accueil (visite de l'établissement, etc.). Il devra prévoir un parcours de formation et d'intégration en fonction de l'activité et de l'organisation ainsi que de l'établissement, pour permettre au nouvel embauché d'appréhender rapidement et concrètement son nouvel environnement de travail. Au-delà du suivi de la période d'essai, un entretien avec la direction de l'établissement sera organisé au terme de la première année afin de s'assurer de la bonne intégration. Le responsable hiérarchique et le tuteur sont responsables de la formation du jeune embauché pour développer ses compétences et ses capacités d'adaptation et pour préparer sa mobilité professionnelle. Concernant l'évolution des jeunes embauchés, le responsable hiérarchique devra prêter attention, en fonction du niveau de formation initiale de l'intéressé, au développement de son potentiel, à sa capacité d'adaptation, à son esprit d'initiative et à sa réactivité, pour prendre les meilleures décisions de gestion de début de carrière en fonction des souhaits professionnels du jeune embauché.

La gestion des performances

L'appréciation des performances d'un salarié constitue l'élément clé et préalable à toute prise de décision en matière de management et de GRH (rémunération, formation, mobilité, promotion, etc.). L'entretien annuel constitue l'instrument privilégié de l'évaluation des compétences et des performances, mais aussi le recueil des besoins de formation et des souhaits d'évolution des salariés.

Identifier ce qu'il faut évaluer

Dans l'appréciation d'un salarié, on distingue généralement trois principaux éléments d'évaluation.

Évaluation	Passé	Présent	Futur
Nature	Performance	Compétences	Potentiel
Complexité	Faible	Moyenne	Forte
Outils	EAAP	Référentiel de compétences	Revue de Personnel

Performance, compétences et potentiel

La performance se mesure en comparant le résultat obtenu pour un indicateur donné avec l'objectif fixé : c'est le résultat des actions passées. Les compétences, elles, sont évaluées par rapport au référentiel de compétences défini par l'entreprise. Il s'agit des compétences présentes qui ont été développées. Enfin, le potentiel s'apprécie plus difficilement et fait généralement l'objet d'une discussion ou d'une appréciation collective (appelée revue de personnel).

Pour ces différentes évaluations, la comparaison avec d'autres titulaires des mêmes postes ou métiers, lorsque c'est possible, facilite le travail de mesure sous forme d'étalonnage collectif qui peut être discuté lors des revues de personnel.

Évaluer performance et potentiel

Alors que l'évaluation des compétences permet de définir les plans de développement, la mesure de la performance et du potentiel permet la prise de décision au niveau salarial et à celui d'orientation de carrière. La matrice suivante facilite un diagnostic opératoire du niveau de performance et de potentiel des salariés.

Performance	Supérieure au niveau requis	Pilier dans une fonction / plateau promotionnel	Performance élevée mais potentiel à développer	Talent prêt pour une promotion
	Niveau requis	Bonne performance (à accroître) mais plateau promotionnel	Bonne performance et bon potentiel	Potentiel élevé (identifier les opportunités) et bon niveau de performance
	Inférieure au niveau requis	Poids mort (problématique à gérer)	Problématique de performance (prise de poste?)	Potentiel élevé mais poste inadéquat (mobilité impérative)
		Mobilité nulle	Mobilité horizontale	Mobilité verticale
			Potentiel	

Matrice performance et potentiel

La répartition facilite l'identification des problématiques (plateau de carrière au niveau du potentiel, problématique de performance, etc.) et des plans d'actions à mettre en œuvre.

Les revues de personnel

Mettre en œuvre une revue de personnel

L'organisation d'une revue de carrière, généralement annuelle, favorise la prise de décisions collégiales et cohérentes. En effet, le passage en revue d'un certain nombre de salariés permet d'échanger sur les niveaux de performance et de potentiel, les besoins de formation et les possibilités d'évolution tout en tenant compte des *desiderata* de carrière exprimés par les intéressés. Il est alors possible de planifier les mouvements (prise de poste possible, successeur potentiel) sur l'année à venir afin d'éviter de désorganiser brutalement les services de l'entreprise. Cette revue permet d'obtenir un état consolidé à la fois quantitatif et qualitatif du personnel de l'entreprise ainsi qu'une image du pipe-line des talents de l'entreprise.

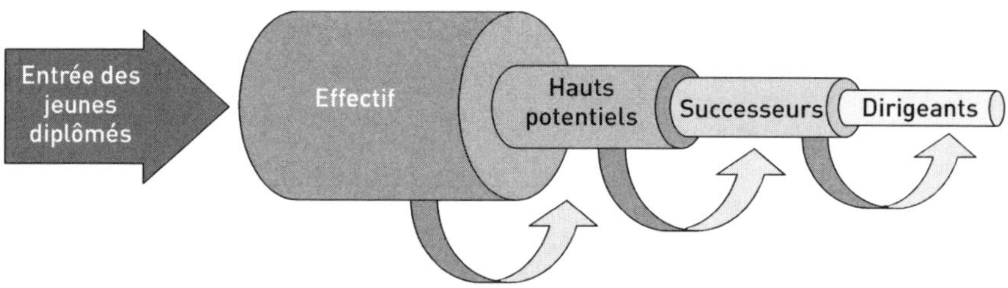

Le « pipe-line » des talents

Ce pipe-line permet d'étudier la taille et la qualité des viviers des successeurs potentiels aux niveaux hiérarchiques les plus élevés de l'entreprise. La taille de chaque vivier doit être plus importante que le nombre de salariés au niveau supérieur, car tous les membres de ce vivier n'auront pas la capacité ou l'envie de se hisser à ce niveau.

Construire un plan de succession

Il y a quelques années, la quasi-totalité du comité de direction d'une grande entreprise française disparaissait brutalement dans un accident d'avion. L'élaboration d'un plan de succession vise à anticiper les risques de départs brutaux (démission, décès, débauchage, etc.). Il concerne généralement le renouvellement des dirigeants des entreprises, mais peut facilement être élargi à d'autres populations (postes clés, experts, managers, etc.). Identifier les successeurs possibles, c'est faire émerger et grandir les leaders de demain.

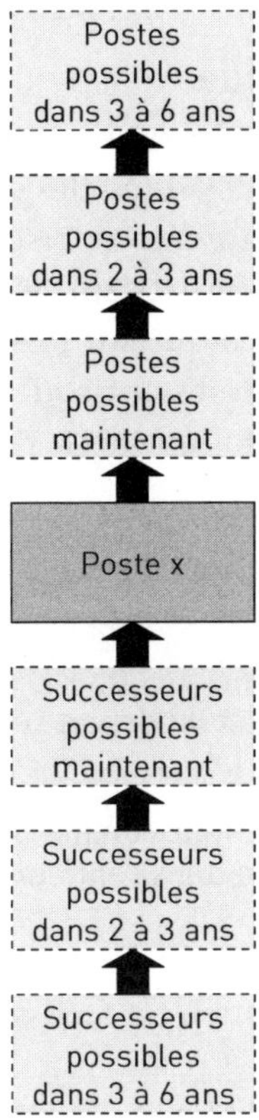

Prochains postes et successeurs potentiels

Pour chaque poste concerné par le plan de succession, la revue de personnel permet d'identifier les successeurs possibles sur différentes échelles de temps (une tenue de poste significative couvre deux à trois ans). En plus de l'identification en aval des successeurs potentiels, une réflexion peut également être menée sur les prochains postes possibles en amont (mobilité verticale, mais aussi horizontale). Selon les postes identifiés, il est alors possible de mettre en œuvre les besoins de formations complémentaires pour préparer l'actuel titulaire. Cette approche permet de dynamiser et de fluidifier les mouvements de personnel au sein de l'entreprise dans une logique de développement des carrières et d'élargissement des domaines de compétences.

En outre, elle permet de répondre à la question de savoir si l'entreprise possède suffisamment de salariés avec un potentiel de développement élevé dans son pipe-line.

Identifier le niveau de risque

Il est indispensable, dans le cadre d'une revue de personnel, d'identifier le niveau de risque associé aux postes clés et à leurs titulaires. L'objectif est de pouvoir évaluer le niveau de risque de départ d'un salarié (démission), d'en mesurer l'impact sur le poste (salarié facilement et rapidement remplaçable) ainsi que sur l'entreprise. Il est ainsi possible de quantifier les différents critères de risques avec des scores qui permettent d'évaluer l'importance du niveau de risque.

Risque de départ	Ancienneté dans le poste, demandes de jours d'absence répétés, feed-back négatif, engagement non tenu, etc.
Impact du départ sur le poste	Remplaçants identifiés ou pas dans les plans de succession, impact du départ sur les clients ou fournisseurs, étape cruciale d'un projet, etc.
Impact du départ sur l'entreprise	Salarié identifié comme expert ou haut potentiel, leader d'influence dans l'entreprise, etc.

À l'issue des revues de personnel, un feed-back doit être transmis par la hiérarchie à chaque intéressé. C'est là une étape indispensable, à la fois par souci de transparence vis-à-vis des salariés concernés, mais aussi pour figer les prises de décision et en faciliter la communication par les acteurs concernés.

La mobilité interne

La mobilité interne est un véritable processus de management des ressources humaines, partagé par l'entreprise et ses salariés. C'est pour l'entreprise un puissant levier pour améliorer la performance de ses salariés, pour faciliter la diffusion d'une culture interne, mais aussi pour gérer au mieux l'emploi, en fonction des évolutions des marchés et de sa stratégie. Quant aux salariés, ils peuvent ainsi piloter et construire leur carrière professionnelle en fonction des opportunités au sein de l'entreprise. Instaurer une politique de mobilité interne nécessite la mise en œuvre d'un processus d'identification et de recueil des postes à pourvoir, étape indispensable pour pouvoir communiquer à tous les salariés les opportunités d'évolution au sein de l'entreprise. L'instauration d'une culture de mobilité dans l'entreprise suppose également de faire accepter par tous que la priorité soit donnée à une candidature interne et non externe pour pourvoir un poste, avec pour conséquence des actions d'adaptation plus ou moins conséquentes. Enfin, les conditions de mise en œuvre de la politique de mobilité interne résultent généralement d'une négociation avec les OS, que ce soit dans le cadre d'un accord de GPEC ou d'un accord de mobilité interne spécifique. La politique et les conditions d'accompagnement de la mobilité interne doivent alors être formalisées et communiquées aux salariés de l'entreprise. Les changements de fonctions étant souvent gérés au niveau local, voici les principales mesures d'accompagnement des mobilités géographiques qu'il est possible de mettre en œuvre.

Mesure	Objectif
Frais de visite préalable	Faciliter la découverte de la région et la recherche d'un logement.
Frais de transition	Prendre en charge les coûts d'hébergement et de transport du salarié avant son déménagement dans la région de son nouveau lieu de travail.
Frais de déménagement	Prendre en charge le coût du déménagement du salarié.
Frais de double résidence	Indemniser le salarié des frais de double résidence liés à sa mobilité géographique au sein de la société.
Indemnité différentielle de logement	Indemniser le salarié pendant une période définie d'un surcoût de logement lié à un changement géographique.
Indemnité de réinstallation	Prendre en charge des frais d'installation pour un montant défini.
Période d'adaptation	Prévoir une période d'adaptation avec une possibilité de retour à son entité d'origine.

Synthèse des principales mesures de mobilité interne

Les frais de visite préalable

La société peut prendre en charge les frais liés à une visite familiale destinée à la recherche d'un logement, ainsi qu'à la découverte de la ville d'accueil. Afin de faciliter cette visite, l'entreprise peut ainsi :

- autoriser cette visite sur le temps de travail (à l'entreprise de définir la façon dont le temps de visite sera calculé en fonction de l'éloignement du site) ;
- accorder X jours payés et non travaillés ;
- rembourser les repas sur justificatifs en fonction de la politique de l'entreprise ;
- rembourser les transports sur une base définie suivant la politique voyage de l'entreprise.

Les frais de transition

Pendant la période transitoire précédant la mobilité interne (donc le déménagement), les frais de transport et d'hébergement peuvent être remboursés sur présentation de justificatifs, selon le barème en vigueur dans la société. La fréquence des allers-retours doit être définie avec le salarié.

Les frais de déménagement

L'entreprise prend en charge le déménagement du salarié sur la base de devis de prestataires. Si l'employeur règle directement la facture auprès du déménageur, le salarié reste responsable de l'organisation de son déménagement avec le prestataire. Si le salarié doit s'absenter de son poste de travail pour déménager, l'entreprise peut accepter de rémunérer cette absence.

Les frais de double résidence

La mise en œuvre d'une mobilité interne peut engendrer une période transitoire de double résidence. Les frais liés à un double loyer peuvent alors être pris en charge pendant une période définie dans l'accord de mobilité interne de l'entreprise. Ces frais recouvrent les coûts de double loyer (remboursement de prêt pour les propriétaires) ou d'hébergement éventuels (hôtel, résidence, etc.). L'un des deux loyers (celui du domicile d'origine ou d'accueil) peut ainsi être pris en charge.

L'indemnité différentielle de logement

Pour un type de logement identique, les coûts peuvent varier en fonction des régions et des bassins d'emplois. La différence éventuelle de coût du logement peut donc être compensée partiellement ou totalement par le versement d'une indemnité temporaire. Le montant maximum de cette indemnité est défini dans l'accord de mobilité interne de l'entreprise. Le mode de calcul du montant de l'indemnité différentielle s'effectue en comparant les loyers d'origine et d'accueil. L'indemnité différentielle de logement est souvent attribuée par la DRH au cas par cas.

L'indemnité de réinstallation

La société peut rembourser, sur présentation de justificatifs, les frais d'installation engagés par un salarié sur son nouveau lieu de résidence dans les premiers mois de la mutation effective dans la nouvelle société. Le plafond des frais remboursés peut dépendre de la situation familiale ou d'un forfait défini.

LE SAVIEZ-VOUS ?

En l'état actuel des textes et de la jurisprudence, cette indemnité de réinstallation n'est pas soumise à charges sociales ni imposable. Les dépenses effectuées avec cette indemnité doivent cependant être indispensables à une réelle installation, immédiatement nécessaires dans le cadre de la mobilité et dans tous les cas justifiées.

L'entreprise doit préciser le délai maximum pour que le salarié lui présente les justificatifs. Elle peut éventuellement définir ce que couvrent ces remboursements (changement d'immatriculation de voiture, frais de transfert ou d'installation du téléphone, frais notariaux liés à l'acquisition d'une résidence, etc.).

La période d'adaptation

Pour permettre au salarié de s'adapter à son nouveau poste, l'entreprise peut définir une période d'adaptation et/ou une formation d'adaptation. Dans l'hypothèse où cette période ne se révélerait pas concluante, le salarié conserve généralement la possibilité de revenir dans la structure d'origine, mais pas nécessairement à son poste précédent, qui a pu être pourvu entre-temps sur ce même principe de mobilité interne !

Évaluer et gérer la mobilité interne

Pour piloter au mieux la mobilité interne, il est nécessaire de développer des indicateurs afin de suivre précisément les mouvements pour chaque établissement dans le sens des mobilités (site d'origine ou site d'accueil des salariés transférés). La matrice suivante donne un exemple de tableau de bord de suivi.

	Site A	Site B	Site C	Site D	Site E	TOTAL
Site A		3	1	2	0	6
Site B	0		1	2	0	3
Site C	5	6		7	1	19
Site D	3	4	1		0	8
Site E	2	1	3	2		8
TOTAL	10	14	6	13	1	44

Tableau de bord de mobilité interne

Il est ainsi possible de vérifier la cohérence des flux de mobilité en fonction des problématiques de croissance ou de réduction des effectifs et des postes à pourvoir au sein de l'entreprise.

Le développement de carrière

La mise en œuvre d'un tutorat permet d'accroître l'efficacité et le succès de la prise de nouvelles fonctions dans le cadre de la gestion des carrières. Le tuteur a pour rôle de faciliter l'intégration d'un salarié dans sa nouvelle fonction et/ou de l'accompagner dans l'apprentissage de son nouveau métier. Les rôles et les missions peuvent être définis dans un engagement contractuel signé entre le tuteur et sa hiérarchie, avec une évaluation de la charge par rapport aux objectifs fixés lors de l'entretien d'appréciation. Ces rôles et ces missions peuvent ainsi faire l'objet d'une rémunération variable complémentaire, réversible avec l'arrêt de la fonction de tuteur.

CONSEIL

Comment identifier les tuteurs ?

Le tuteur doit être une personne de référence dans sa fonction ou son domaine d'activité (performance élevée, solidité du niveau de compétences). Sa désignation doit évidemment s'effectuer sur la base du volontariat et sur sollicitation de son manager. Il doit avoir développé une vue d'ensemble de son métier, de sa fonction ou de son domaine d'activité ainsi que de réelles qualités pédagogiques pour faciliter la transmission et le partage de son savoir et de ses compétences. Le tuteur peut également bénéficier d'une formation spécifique et/ou d'un accompagnement (coaching, réseau d'échanges entre tuteurs, etc.).

L'expérience de tuteur doit idéalement être valorisée dans le développement de carrière des salariés ayant accepté cette mission.

La fidélisation des salariés

Il est indispensable de fidéliser les salariés ayant des compétences rares, en leur proposant des avantages et des opportunités qui les séduisent et les retiennent. La mise en application de la GPEC nécessite une stabilisation sélective des flux de personnel. Or, avec l'évolution de la population active, la guerre des talents sera de plus en plus forte.

LE SAVIEZ-VOUS ?

Chaque année, un salarié sur quatre envisage de quitter son entreprise et plus de 30 % d'entre eux envisagent de partir au cours des deux premières années (sondage IFOP de 2006).

La proactivité s'avère donc primordiale dans la fidélisation. En effet, lorsqu'un salarié commence à se tourner vers le marché externe, il est souvent trop tard. Il existe cependant différents leviers pour fidéliser les salariés.

Rémunération	Niveaux de rémunération Primes (bonus, treizième mois, partie variable, etc.) Avantages financiers (intéressement, PEG, véhicule, etc.)
Protection sociale	Mutuelle Prévoyance Retraite
Œuvres sociales du CE	Montant des subventions et qualité des services (voyages et vacances, subventions, activités sportives, etc.)
Formation et développement	Opportunités pour le salarié d'évoluer (budget, facilité d'accès à la formation, etc.)
Satisfaction au travail	Intérêt du salarié pour son activité Implication du salarié dans la prise de décision Équilibre vie personnelle/vie professionnelle
Conditions de travail	Aménagement des locaux, mobilier, nettoyage Régulation de la température (climatisation, chauffage) Flexibilité de l'accès à l'entreprise Modularité du temps de travail (flexibilité, RTT, etc.) Qualité et rythme de remplacement des NTIC (portables, PDA, etc.) Services au personnel (crèche, pressing, etc.)
Climat social	Espaces de convivialité (machines à café, distributeurs, etc.) Séminaires, voyages à l'étranger Soirées conviviales, dîners, fêtes Journées thématiques
Engagement	Gestion de l'engagement et de la motivation (enquête sociale)

Le développement des compétences

Les changements économiques, organisationnels et technologiques nécessitent un effort constant d'adaptation et de développement des compétences des salariés. La segmentation suivante offre un panorama des moyens les plus courants pour piloter le développement des compétences de l'entreprise.

Formation professionnelle	Plan de formation (au sens 2 483[a]), passeport formation, CIF
Accompagnement individuel	Coaching, tutorat interne, mise en œuvre du 360°
Université d'entreprise	Segmentation de l'offre de formation (dirigeants, successeurs, experts, managers, hauts potentiels, etc.)
Employabilité et reconversion	Projet professionnel et capacité à rebondir (évaluation, bilan de compétences), changement de métier en interne ou en externe, congé de mobilité
Outils de professionnalisation	Période de professionnalisation, VAE, DIF

a. Déclaration fiscale 2483 de participation des employeurs au développement de la formation professionnelle continue, obligatoire à partir de dix salariés

La formation professionnelle

Différents outils et moyens obligent et permettent la mise en œuvre de l'évolution des salariés de l'entreprise.

Le plan de formation (au sens 2 483)

Chaque employeur est dans l'obligation de contribuer à la formation continue par un pourcentage de la masse salariale brute, qui varie en fonction de la taille des effectifs. Le versement de la contribution s'effectue auprès d'un organisme paritaire collecteur agréé (OPCA) par l'État.

Effectif	Plan de formation	Professionnalisation et DIF	CIF	CIF/CDD
< 10	0,40 %	0,15 %		1 %
> = 10 et < 20	0,90 %	0,15 %		1 %
> 20	0,90 %	0,50 %	0,20 %	1 %

Variation des contributions en fonction de l'effectif

Le plan de formation rassemble l'ensemble des actions de formation définies dans le cadre de la politique de l'entreprise, dont le montant peut être supérieur au minimum légal. Les actions de formations sont définies en trois catégories :

- l'adaptation au poste de travail désigne les formations nécessaires au salarié pour remplir les missions et les tâches qui lui sont assignées ;
- l'évolution des emplois et le maintien dans l'emploi apportent les formations nécessaires pour maintenir le salarié dans son emploi et/ou lui permettre d'évoluer vers d'autres postes ;
- le développement des compétences via des formations permet au salarié d'acquérir de nouveaux savoirs.

LE SAVIEZ-VOUS ?

Lorsque des actions de développement des compétences ont lieu en dehors du temps de travail, le salarié perçoit de la part de son entreprise une allocation de formation égale à 50 % de sa rémunération.

Le passeport formation

L'accord national interprofessionnel du 5 décembre 2003 sur la formation professionnelle permet la création d'un passeport formation à l'initiative du salarié, qui reste sa propriété et dont il garde la responsabilité d'utilisation. L'objectif est de favoriser sa mobilité interne ou externe. Pour cela, chaque salarié doit être en mesure d'identifier et de faire certifier ses connaissances, ses compétences et ses aptitudes professionnelles, acquises soit par la formation initiale ou continue, soit du fait de ses expériences professionnelles. Le passeport formation comprend notamment les éléments suivants :

- les diplômes obtenus à l'issue de la formation initiale ;

- les expériences professionnelles acquises lors des stages et des formations en entreprise ;
- les certifications à finalité professionnelle obtenues en formation continue et par la VAE ;
- la nature et la durée des actions de formation suivies dans le cadre de la formation continue ;
- le ou les emploi(s) tenu(s) dans une même entreprise avec les connaissances, compétences et aptitudes professionnelles qu'il(s) implique(nt) ;
- les décisions prises lors d'entretiens et de bilans de compétences en matière de formation (avec l'accord du salarié).

Le passeport formation constitue ainsi un dossier personnel qui formalise et valorise l'ensemble des apprentissages du salarié pour faciliter ses évolutions professionnelles en interne ou en externe.

Le CIF

Ce dispositif permet au salarié de suivre une formation à son initiative. La durée ne peut excéder un an pour une formation à temps plein ou 1 200 heures pour une formation à temps partiel. Ce congé permet ainsi de préparer et d'obtenir un diplôme.

LE SAVIEZ-VOUS ?

La demande d'un CIF nécessite d'avoir été employé pendant vingt-quatre mois consécutifs ou non en tant que salarié, dont douze mois dans l'entreprise (trente-six mois dans les entreprises artisanales de moins de dix salariés). Un délai de franchise entre deux CIF doit être respecté, qui varie selon la durée du CIF précédent.

L'accompagnement individuel

Recourir au coaching

Le coaching consiste à accompagner le développement personnel d'un salarié avec le concours d'un coach généralement externe. Cet accompagnement doit s'inscrire dans un cadre et une échelle de temps définis par les trois parties : le coach, le salarié coaché et le représentant de l'entreprise (manager ou RH). Le sens de l'écoute, le questionnement, la reformulation, le diagnostic, la recherche d'options, l'aide à la prise de conscience et le feed-back constituent les outils pour guider le salarié coaché et l'aider à atteindre les objectifs définis au départ. Le coaching peut également s'inscrire dans un cadre collectif visant à assurer la cohésion d'équipe (par exemple un comité de direction) ou le « team building » (développement de la dynamique d'une équipe et renforcement du lien entre ses membres).

CONSEIL

Comment choisir un coach ?

Avant de s'engager dans un contrat avec un coach, différents points doivent être vérifiés :

- formation : qualité et pertinence de l'approche théorique, formation reconnue professionnellement par la Société Française de Coaching (SFCoach) ;
- expérience et parcours : vécu du coach en entreprise, nombre d'années d'expérience, fréquence des sessions de coaching, références professionnelles ;
- tarifs et nombre de séances : objectifs atteignables, cadre proposé non abusif en termes de coût et de durée ;
- personnalité et « feeling » : déontologie et valeurs, premier contact positif, instauration d'une relation de confiance.

Le 360°

Le principe de cette méthode consiste à impliquer l'entourage direct du salarié (supérieur hiérarchique, collaborateurs, subordonnés, clients internes ou externes) pour fournir à celui-ci une image fidèle de son style de management et de ses compétences comportementales. Chaque collaborateur, parce qu'il a l'occasion de voir le salarié agir sous des angles différents, constitue une source d'informations très riche. Le salarié qui passe un 360° prend la mesure du décalage existant entre l'image renvoyée et celle qu'il a de lui-même. Cette prise de recul constitue en elle-même une méta-compétence souvent citée par les entreprises lors de la sélection du candidat. Le schéma suivant place ainsi le salarié au centre d'un processus d'évaluation à 360°, outil de plus en plus utilisé dans les évaluations managériales.

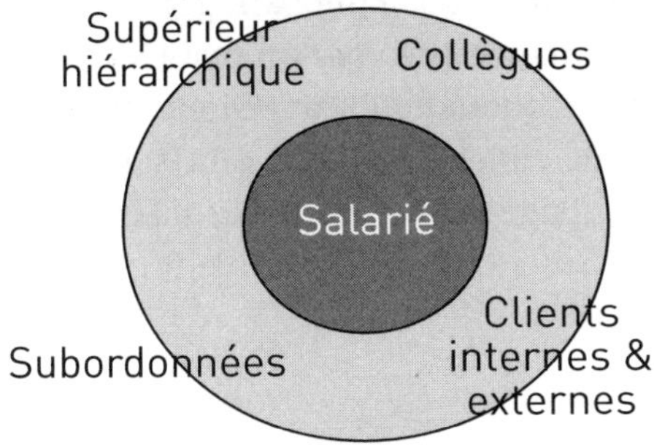

Scope du 360°

La mise en œuvre d'un tel outil doit respecter les principales étapes suivantes :

- utilisation d'un questionnaire de 360° validé (à acquérir ou à développer) ;
- « passation » du questionnaire par le salarié qui élabore ainsi son « image de soi » ;
- « passation » du questionnaire par le supérieur hiérarchique, les collègues, les clients internes/externes et les subordonnés (minimum recommandé de cinq personnes avec une préservation indispensable de l'anonymat des réponses) ;
- interprétation des résultats de l'ensemble des « passations » sur les échelles du questionnaire ;
- confrontation des deux portraits (intéressé et entourage) : feed-back et interprétation des décalages ;
- mise en œuvre d'un plan d'action (développement personnel).

Il n'existe pas une seule façon d'être efficace : l'objectif du 360° est justement d'aider chacun à trouver la voie qui lui convient le mieux en intégrant le plan de développement personnel et la culture d'entreprise.

Université d'entreprise

Les universités d'entreprise sont des lieux de formation, mais aussi d'échanges et de partage pour les salariés qui en bénéficient. Au-delà des moyens de formation locaux, l'université d'entreprise permet en effet de regrouper des salariés issus de différentes fonctions, établissements et même pays. L'université d'entreprise permet ainsi de développer un sentiment d'appartenance et de faire partager la culture et les valeurs de la société. Qu'elle soit constituée par un établissement physique ou par une entité virtuelle et nomade, l'université d'entreprise se focalise sur certaines populations cibles spécifiques. Le schéma suivant constitue un exemple de découpage des catégories de salariés sur lequel l'architecture d'une université d'entreprise est souvent modelée.

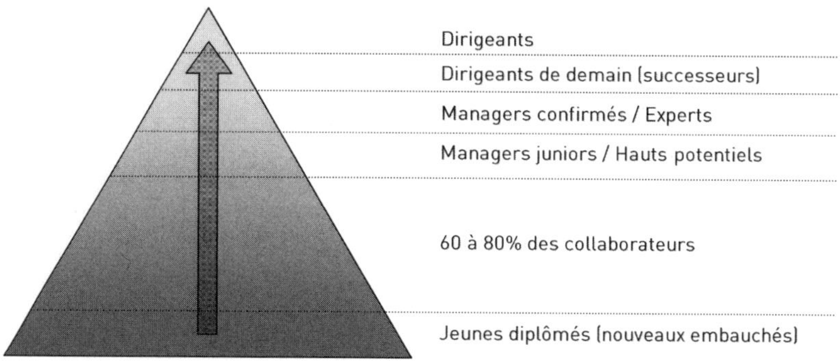

Segmentation des populations cibles de l'université d'entreprise

Intégrer les nouveaux embauchés

Au-delà de l'intégration par la hiérarchie et sur le poste de travail, l'université d'entreprise peut offrir un cadre structuré de découverte de la société aux nouveaux embauchés (jeunes diplômés, mais également nouveaux arrivants plus expérimentés). Un séminaire d'intégration, organisé à une fréquence qui doit être définie en fonction des volumes d'embauche (annuel, trimestriel, etc.), doit permettre aux nouveaux embauchés de :

- découvrir l'entreprise et obtenir une information générale sur son organisation, ses marchés, ses enjeux et sa stratégie (par l'intervention de dirigeants et autres salariés clés pouvant offrir de la visibilité sur la société) ;
- développer un fonctionnement en réseau des salariés par la mise en œuvre d'une logique de promotion pour chaque session de nouveaux embauchés (annuaire, projet par petite équipe, etc.).

Ce séminaire permet ainsi d'accélérer l'intégration des nouveaux, qui développent leurs réseaux tout en s'imprégnant de la culture et des valeurs de la société.

Former la ligne managériale

Les besoins de formation de la majorité des collaborateurs étant gérés au niveau local, l'université d'entreprise focalise ensuite son offre sur la ligne managériale. La maîtrise des techniques managériales constitue le principal axe de développement, avec un niveau d'approfondissement qui varie selon que le salarié a été promu manager récemment ou bien qu'il s'agit d'un manager déjà expérimenté qui développe des aspects plus stratégiques. On retrouve souvent à ces niveaux les profils les plus talentueux de la société, dénommés hauts potentiels ou encore talents émergeants. Le facteur de différenciation qui les caractérise est généralement lié à la rapidité de la prise de fonction au cours de la carrière professionnelle. Le travail en équipe, mais aussi en milieu interculturel, la communication orale et la gestion de projets avec exposition auprès de la direction générale constituent également des axes forts de développement.

Accompagner les experts

Bien que l'entreprise se soit souvent focalisée sur le développement managérial, tout le monde reconnaît aujourd'hui la nécessité de gérer en parallèle l'expertise de la société sans laquelle celle-ci ne saurait fonctionner. L'université d'entreprise peut ainsi jouer un rôle important dans la constitution de réseaux d'experts au sein de l'entreprise, l'animation de communautés, la capitalisation sur la cartographie des connaissances et des compétences, etc. Le développement de l'expertise en interne et en externe, accompagné d'une reconnaissance adaptée, doit favoriser la performance (innovation, « knowledge management », etc.) et la fidélisation de cette population spécifique.

Développer les dirigeants et préparer leurs successeurs

À la tête de l'entreprise, on considère souvent à tort que les dirigeants n'ont plus besoin de poursuivre leur développement alors que la nécessité de tirer la performance toujours plus haut et les capacités de remise de cause – étant donné les enjeux des décisions stratégiques – sont capitales. De plus, un dirigeant soucieux de son évolution et sensibilisé à la compréhension des enjeux liés présente une probabilité beaucoup plus forte d'en appliquer le principe à ses collaborateurs avec pour effet de les rendre encore plus performants. Enfin, les dirigeants sont amenés à quitter un jour leur poste et il est donc indispensable de mettre en œuvre les moyens adéquats pour identifier et préparer leurs futurs successeurs.

Employabilité et reconversion

Certains métiers disparaissent, tandis que d'autres émergent. Les formations visant une reconversion professionnelle permettent d'acquérir les connaissances et/ou les compétences nécessaires pour accéder à un nouveau métier. Les conditions de prise en charge (coût de la formation, frais de transport et d'hébergement, rémunération) doivent être définies.

Le bilan de compétences

Cet outil permet à un salarié de faire le point sur ses compétences et ses motivations pour définir un projet professionnel (orientation, formation, création d'activité, etc.). Mené par un prestataire externe, le bilan de compétences peut être engagé par l'employeur ou à l'initiative du salarié.

LE SAVIEZ-VOUS ?

Depuis l'accord national interprofessionnel du 5 décembre 2003 sur la réforme de la formation professionnelle, le salarié qui compte vingt ans d'activité professionnelle ou âgé d'au moins 45 ans et qui justifie d'une ancienneté d'une année peut effectuer un bilan de compétences organisé en dehors du temps de travail et financé par le Fongecif.

Identifier les passerelles internes

Pour faciliter les mobilités, les changements de métiers, les reconversions et la gestion des carrières, l'identification des passerelles possibles au sein de l'entreprise est indispensable. Leur formalisation facilite la communication et le conseil sur les mouvements possibles.

La cartographie de l'emploi et des métiers de l'entreprise permet d'établir un tableau de correspondances entre les métiers avec une représentation des passerelles envisageables ainsi que le niveau de complexité de ce changement.

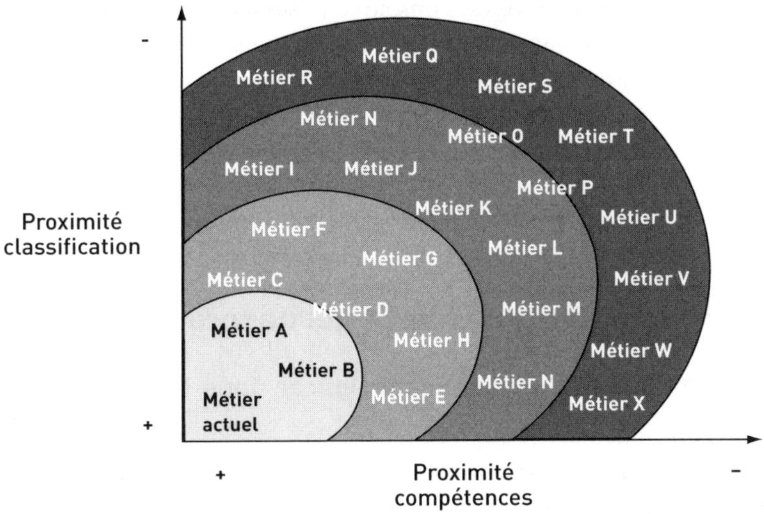

Cartographie des métiers selon la proximité des compétences
et des niveaux de classification

La matrice ci-dessous illustre cette cartographie en représentant les promotions possibles (évolutions verticales) et les mobilités internes horizontales (évolutions transversales).

	Famille	A			B		C				D		
Famille	Métier	1	2	3	4	5	6	7	8	9	10	11	12
A	1				↔								
	2									↔			
	3						↑						↑
B	4	↔						↔					
	5										↑		
C	6		←↑→										
	7				↔								
	8											←↑→	
	9			↔			↑						
D	10												↑
	11								←↑→				
	12				←↑→								

↑ Mobilité horizontale ↔ Mobilité verticale (transversale) ←↑→ Mobilité horizontale et verticale

Mobilités verticales et transversales inter métiers et familles

Accompagner la reconversion

Les formations de reconversion en interne ont pour objectif de faciliter l'acquisition de nouvelles compétences afin d'anticiper la disparition des métiers et l'émergence de nouvelles compétences. Les reconversions externes sont à l'initiative de l'employé et généralement non requises par l'employeur par rapport aux besoins actuels et futurs. L'accompagnement du salarié dans la concrétisation de son projet doit alors être défini par l'employeur après validation de ce projet et peut prendre la forme d'un aménagement du temps de travail, d'une participation financière, d'une subvention par le Fongecif, etc.

CONSEIL

Comment formaliser un projet de reconversion ?

Différentes informations doivent figurer dans la convention de reconversion :

- objet du projet ;
- dates de début et de fin de formation ;
- organisme(s) concerné(s) ;
- modalités de prise en charge des frais pédagogiques et de déplacement ;
- modalités d'aménagement du temps de travail ;
- modalités de prise en charge des éléments de rémunération ;
- dates de prise de fonction du nouveau poste ou de mutation géographique (dans le cadre de la prise de fonction d'un nouveau poste) ;
- engagement du salarié à quitter la société dans une durée définie après son retour, sous forme de la rupture du contrat de travail, d'un commun accord ;
- aide financière éventuelle d'accompagnement du projet de reconversion.

Le congé de mobilité

La loi du 30 décembre 2006 « pour le développement de la participation et de l'actionnariat salarié et portant diverses dispositions d'ordre économique et social » prévoit une nouvelle possibilité d'accompagnement en cas de départ pour les entreprises de plus de mille salariés qui disposent d'un accord de GPEC (article L.320-2-1 du Code du travail). L'employeur peut ainsi accorder un congé de mobilité, pendant la période de préavis et au-delà, qui débouchera à l'issue du congé sur une rupture d'un commun accord pour motif économique. Cette période de transition, qui dispense le salarié d'activité, a pour objectif de faciliter et d'accélérer le retour à l'emploi de ce dernier, notamment grâce à des actions de formation. Les modalités d'application (durée, conditions de mise en œuvre, catégories de salariés bénéficiaires) doivent être fixées par un accord collectif, généralement l'accord GPEC. De plus, lors de la rupture du contrat de travail, l'employeur doit verser des indemnités au moins égales à celles qu'il aurait dû verser en cas de licenciement économique. Ces indemnités ne peuvent être déduites des sommes engagées durant le congé de mobilité. Enfin, la rémunération versée au salarié au-delà de la durée de son préavis et pendant les neuf premiers mois du congé ne peut être inférieure à l'allocation qui aurait été versée dans le cadre du congé de reclassement[11] (soit 65 % du salaire brut de référence). Cette rémunération est soumise au régime habituel de cotisations sociales pendant les neuf premiers mois. Le congé de mobilité constitue donc un outil supplémentaire dans le cadre de la GPEC pour sécuriser les parcours professionnels.

Outils de professionnalisation

La période de professionnalisation

Il s'agit d'un dispositif de formation en alternance qui favorise le maintien dans l'emploi des salariés en CDI. Les bénéficiaires de ce dispositif doivent remplir les critères suivants :

- salariés à la qualification insuffisante au regard de l'évolution des technologies et de l'organisation du travail ;
- salariés ayant au moins vingt ans d'activité professionnelle ou âgés de 45 ans et plus avec au moins un an d'ancienneté dans l'entreprise ;
- salariés envisageant la création ou la reprise d'une entreprise ;
- femmes de retour de congé maternité ;
- parents après un congé parental ;

11. Voir le congé de reclassement (page 186).

- bénéficiaires de l'obligation d'emploi (travailleurs reconnus handicapés par la Commission technique d'orientation et de reclassement professionnel, la Cotorep).

La VAE

Le dispositif de VAE a été mis en œuvre en 2002 dans le but d'obtenir un diplôme, un titre professionnel homologué par l'État ou un certificat de qualification professionnelle de branche (CQP), correspondant aux compétences acquises au cours d'une carrière professionnelle. La première étape pour bénéficier d'une VAE consiste à identifier et à sélectionner le diplôme correspondant le mieux à l'expérience professionnelle du salarié. Une demande doit être adressée à l'organisme certificateur qui le délivre. Un jury composé d'enseignants et de professionnels du métier concerné définit les modalités d'obtention du diplôme ou du certificat professionnel. Cette validation nécessite souvent des actions de formation complémentaires ou un temps plus long d'activité de travail pour obtenir le titre. Le salarié doit alors apporter la preuve qu'il a acquis la totalité des connaissances et des compétences requises par le diplôme. L'entreprise peut prendre en charge tout ou partie des formations complémentaires nécessaires à la VAE.

Le DIF

Créé en mai 2004, le DIF permet à tout salarié de bénéficier d'un crédit de vingt heures de formation pour un temps plein et cumulables sur six ans, à condition d'avoir un an d'ancienneté. Pour les salariés à temps partiel ou en CDD, le calcul du nombre d'heures de DIF s'effectue au *prorata*. Si le salarié décide de ne pas les utiliser, il ne peut pour autant en bénéficier *via* une compensation financière. L'employeur a l'obligation d'informer annuellement et par écrit chaque salarié du total d'heures acquis au titre du DIF. Pour en bénéficier, le collaborateur doit en faire la demande à son employeur en précisant la formation envisagée. Si la loi ne précise pas les conditions de cette demande, il paraît cependant logique qu'elle soit écrite. Si l'employeur ne répond pas dans un délai d'un mois, la loi considère que la demande est acceptée. Les coûts de la formation sont à sa charge et imputables aux frais de développement de la formation professionnelle. Si la demande est refusée deux fois, le salarié peut effectuer sa demande dans le cadre d'un CIF. Elle sera alors étudiée en priorité par l'organisme collecteur.

Accompagner les salariés

Des politiques spécifiques peuvent être mises en œuvre pour accompagner les catégories de personnel présentant des caractéristiques ou de problématiques particulières. Ces politiques favorisent la lutte contre les discriminations et la diversité dans l'entreprise. Les personnes concernées peuvent faire l'objet de textes législatifs et conventionnels spécifiques (personnel âgé, femmes, salariés handicapés, etc.) ou bien bénéficier d'un suivi particulier (juniors, hauts potentiels susceptibles d'être les dirigeants de demain, etc.).

Ces politiques peuvent aussi accompagner des périodes de transition, comme les retours de longue absence (congé sans solde ou parental, fin de mandats représentatifs).

	Salariés jeunes	Salariés âgés	Salariés faiblement qualifiés	Salariés féminins	Salariés handicapés	Niveau de risque
Salarié A	■					Faible
Salarié B						Normal
Salarié C		■		■		Moyen
Salarié D		■	■	■		Elevé
Salarié E		■	■	■	■	Elevé
...						

Population fragile et niveaux de risques

Suivre les salariés âgés

L'évolution de la pyramide démographique avec un vieillissement de la population a pour conséquence un accroissement constant du nombre de salariés en deuxième partie de carrière.

La deuxième partie de carrière

Les quinquagénaires, voire les plus de 45 ans, représentent la catégorie de salariés à l'employabilité la plus fragile. Dans les PSE, ces salariés bénéficient souvent de mesures d'accompagnement plus avantageuses. L'allongement de la vie professionnelle nécessite une réelle prise en compte de leur gestion de carrière, qui doit être accompagnée par de réelles opportunités de développement individuel favorisant la formation, la possibilité de changer de métier et le maintien de l'employabilité pour chaque parcours professionnel. L'entreprise doit également veiller à la motivation des salariés dans leur activité professionnelle.

L'entretien professionnel de deuxième partie de carrière

L'accord national interprofessionnel du 13 octobre 2005, relatif à l'emploi des seniors, a mis en place un entretien professionnel de deuxième partie de carrière, qui vise à éviter les discriminations liées à l'âge et permettre au salarié d'anticiper cette étape. Cet entretien, qui offre au salarié l'opportunité de discuter des perspectives de déroulement de carrière en fonction de ses souhaits et des possibilités de l'entreprise, s'adresse à tous les salariés de plus de 45 ans et repose sur le volontariat.

Ainsi, ces salariés peuvent formaliser par écrit leurs compétences, leurs souhaits et leurs motivations pour la deuxième partie de leur carrière. L'entretien professionnel se déroule généralement en présence de la hiérarchie et d'un membre du service RH.

L'aide au rachat des trimestres d'assurance vieillesse

La loi du 21 août 2003 sur la réforme des retraites permet aux salariés qui le souhaitent de racheter des trimestres d'assurance vieillesse correspondant à leurs années d'études ou aux années incomplètes pour anticiper leur départ en retraite. Ils peuvent bénéficier d'une aide financière de l'entreprise qui doit identifier le nombre de salariés susceptibles de bénéficier de cette mesure pour en calculer le coût maximum potentiel (versement d'une aide, utilisation du Compte épargne temps ou CET, etc.).

Pour contrôler les coûts sociaux, l'entreprise peut allouer une enveloppe maximale à cette mesure avec des critères de priorité si les demandes sont trop nombreuses. En effet, l'aide au rachat de trimestres est considérée comme un élément de salaire (donc soumis aux cotisations sociales et à l'imposition). Elle peut aussi aider au financement du rachat par la prise en charge partielle d'un prêt bancaire ou de ses intérêts.

CONSEIL

Comment préparer les salariés à la retraite ?

Afin d'aider ses salariés à faire face à la rupture psychologique que constitue le départ à la retraite après environ quarante ans de vie active, la direction peut mettre en œuvre un module de formation de préparation à la retraite (dimension psychologique de la rupture avec l'activité professionnelle, identification des centres d'intérêt personnel, etc.). De nombreuses mutuelles proposent aujourd'hui ce type d'offre. La DRH doit définir les conditions d'éligibilité (période effective précédant le départ) ainsi que les modalités (utilisation du CET, du DIF, etc.).

Intégrer et développer les jeunes

Afin de faciliter l'intégration des jeunes embauchés dans le cadre de leur premier emploi, l'employeur peut appliquer une politique d'accueil spécifique en s'appuyant sur différents supports : convention de stage, contrat d'apprentissage et contrat de professionnalisation.

Accueillir les jeunes en formation

Cette politique peut être menée en concertation avec les établissements scolaires préparant à des qualifications correspondant aux métiers de l'entreprise. Les jeunes peuvent être accompagnés dans l'entreprise par un « tuteur » reconnu pour ses compétences professionnelles et ses capacités pédagogiques. Au terme du parcours de formation en alternance, l'entreprise a la possibilité de recruter en fonction de ses besoins et des évaluations. Pour mobiliser l'ensemble de ses équipes à l'intégration et au développement de carrière des jeunes, la direction peut s'engager dans le cadre de l'accord de GPEC sur un pourcentage minimum d'apprentis et de stagiaires (généralement entre 1 % et 5 % de l'effectif).

Le contrat d'apprentissage

L'apprentissage a pour objectif de favoriser l'insertion des jeunes de 16 à 25 ans, par l'alternance de périodes d'enseignement théorique et de mise en pratique au sein de l'entreprise. L'apprenti et l'entreprise signent un contrat d'apprentissage de six mois à un an, période pendant laquelle l'apprenti sera suivi et conseillé par un maître d'apprentissage. Ce dernier est un salarié de l'entreprise dont le métier a un rapport direct avec le diplôme visé par l'apprenti. Le lien contractuel offre à l'apprenti le statut de salarié de l'entreprise avec une rémunération variant selon le niveau de formation et se calculant en fonction du SMIC.

Années d'exécution du contrat	Âge de l'apprenti		
	- de 18 ans	De 18 à - de 21 ans	21 ans et +
1re année	25 %	41 %	53 %*
2e année	37 %	49 %	61 %*
3e année	53 %	65 %	78 %*

**Pourcentage du minimum conventionnel s'il est plus favorable que le même pourcentage du SMIC*[12].

Niveaux de rémunération du contrat d'apprentissage

Les avantages de l'apprentissage sont multiples :

- développement des connaissances et des savoir-faire dans le contexte réel d'exercice des activités ;
- entrée progressive dans le monde du travail ;
- découverte de la richesse et de la complexité des métiers ;
- compréhension des enjeux de l'entreprise ;
- développement des capacités d'adaptation et de l'autonomie ;
- obtention d'un diplôme reconnu.

L'apprentissage constitue donc un excellent outil de prérecrutement pour intégrer les jeunes dans les entreprises. L'emploi proposé doit être en rapport avec le diplôme obtenu et les connaissances et savoir-faire acquis à travers l'apprentissage. De plus, le contrat d'apprentissage autorise l'exonération des cotisations sociales et des allocations familiales. Enfin, l'entreprise affiche une véritable démarche citoyenne en favorisant le développement des compétences et de l'emploi des jeunes.

12. Pour un complément d'information, il est possible de se référer à la circulaire DGEFP-DGT n°2007-04 du 24 janvier 2004 concernant la rémunération des apprentis (source : ministère de l'Emploi, de la Cohésion sociale et du Logement).

Le contrat de professionnalisation

Ce contrat permet aux jeunes de 16 à 25 ans et aux demandeurs d'emploi de plus de 26 ans d'obtenir une qualification professionnelle. Tout employeur français a le droit de signer un contrat de professionnalisation, sauf les établissements de l'État à caractère administratif ainsi que les collectivités territoriales et locales. Ce contrat peut prendre la forme d'un CDI ou d'un CDD renouvelable une fois, porté au total à vingt-quatre mois si le salarié n'a pu obtenir le diplôme de la qualification envisagée. Ce dernier est rémunéré en fonction de son âge et de la qualification envisagée.

Niveau de formation	Niveau inférieur au bac professionnel	Niveau égal ou supérieur au bac professionnel
Moins de 21 ans	55 % du SMIC minimum	65 % du SMIC minimum
De 21 à 25 ans	70 % du SMIC minimum	80 % du SMIC minimum
26 ans et plus	SMIC ou 85 % du salaire minimum conventionnel	SMIC ou 85 % du salaire minimum conventionnel

L'action de formation doit représenter 150 heures minimum et un tuteur peut être attribué. Au terme de deux mois de contrat, un bilan sera réalisé entre le salarié et l'employeur pour s'assurer de l'adéquation de la qualification visée avec le travail effectué, l'employeur garantissant la disponibilité du salarié pour se rendre en formation. De plus, l'entreprise bénéficie d'une exonération des cotisations patronales si le contrat est conclu avec un jeune de moins de 26 ans ou un salarié de 45 ans et plus.

Contrat conclu avant le 1er janvier 2007	L'exonération porte sur les charges dues au titre des assurances sociales, accidents du travail, maladies professionnelles et allocations familiales.
Contrat conclu à partir du 1er janvier 2007	Idem, à l'exception des maladies professionnelles et des allocations familiales qui sont dues dans les conditions du droit commun.

Par ailleurs, les groupements d'employeurs peuvent bénéficier d'une aide financière de l'État s'ils accueillent des jeunes de moins de 26 ans sortis du système scolaire sans qualification et des demandeurs d'emploi de 45 ans et plus.

Permettre l'évolution des salariés faiblement qualifiés

Il est indispensable de mettre en œuvre un processus d'identification des personnes faiblement qualifiées, qui pâtissent en effet d'une faible employabilité.

L'amélioration des savoirs de base

Il est nécessaire de pouvoir identifier les savoirs ou les compétences acquis par ces salariés, qu'ils n'expriment pas toujours facilement. Cette évaluation permet de définir les besoins de formation, qui demeure un outil primordial pour maintenir l'employabilité des salariés peu qualifiés. Cependant, il est parfois nécessaire de procéder à des améliorations et à des réappropriations des savoirs de base (français, mathématiques, etc.) en amont des éventuelles actions de formation. Certains organismes et associations sont spécialisés dans l'évaluation et l'accompagnement de ce type de savoir. De plus, le développement de certaines compétences comportementales (adaptabilité, sociabilité, etc.) est également indispensable pour favoriser une estime de soi suffisamment forte afin de rebondir sur de nouveaux projets en interne et/ou en externe.

La période de professionnalisation

Dans le cadre de la réforme de la formation professionnelle de 2003, l'entreprise doit désormais favoriser l'accès à la qualification professionnelle pour les salariés les moins diplômés afin de maintenir l'emploi en interne. Pour ce faire, les salariés doivent être en CDI et répondre à plusieurs conditions :

- disposer d'une qualification insuffisante au regard de l'évolution des technologies et de l'organisation du travail ;
- avoir vingt ans d'expérience professionnelle ou être âgé de 45 ans et avoir au moins un an d'ancienneté.

Pour bénéficier d'une formation durant la période de professionnalisation, le salarié doit en faire la demande à son employeur. La formation s'effectue en partie ou totalement en dehors du temps de travail effectif avec le versement d'une allocation. Les heures de formation peuvent se combiner avec celles acquises au titre du DIF. Si le salarié doit s'engager à suivre l'action de formation, l'employeur doit garantir ses engagements vis-à-vis du collaborateur en termes d'emploi.

Favoriser l'égalité des salariés féminins

Malgré les différents outils juridiques privilégiant l'égalité des sexes, les inégalités entre les hommes et les femmes persistent.

L'inégalité entre les hommes et les femmes

Les femmes accèdent beaucoup plus difficilement aux postes à responsabilité et les salariées se raréfient dès que l'on progresse dans les niveaux hiérarchiques.

LE SAVIEZ-VOUS ?

Les femmes n'occupent que 25 % des postes d'encadrement dans les entreprises du secteur privé alors qu'elles représentent 45,9 % de la population active (Haute Autorité de lutte contre les discriminations et pour l'égalité, 2004). De même, seulement 17 % des 300 000 dirigeants salariés d'entreprises sont des femmes et elles ne représentent que 7 % des cadres dirigeants des 5 000 premières entreprises françaises.

Les femmes perçoivent en moyenne une rémunération inférieure de 21 % par rapport aux hommes (ministère de la Parité et de l'Égalité professionnelle, 2005). Concernant l'accès aux différents métiers de l'entreprise, 60 % des femmes exercent dans six groupes de métiers – alors qu'il en existe plus d'une trentaine – et 80 % des métiers d'employés sont occupés par des femmes.

Les indicateurs de pilotage

Afin de favoriser l'égalité entre les hommes et les femmes, il est indispensable de mesurer l'état de la situation au sein de l'entreprise. Différents indicateurs permettent d'évaluer les écarts entre les deux sexes et de mesurer les progrès :

- le taux de féminisation dans l'entreprise (général, par catégorie socioprofessionnelle, par service, par métier ou par fonction) ;

- l'accès des femmes aux différents niveaux de responsabilité (nombre de promotions, de mobilités) ;
- le niveau de rémunération (les écarts avec les hommes, par catégorie socioprofessionnelle, par service, par métier ou par fonction) ;
- l'accès à la formation continue (levier et moteur du développement et donc indirectement des promotions et de la mobilité).

Le suivi spécifique de ces indicateurs peut s'appuyer sur le rapport égalité hommes/femmes, obligatoire dans l'entreprise et objet d'une consultation des IRP.

Les actions pour assurer la parité

L'introduction d'un outil de comparaison entre la moyenne des propositions d'augmentation salariales pour les hommes et pour les femmes permet de lutter contre les inégalités salariales. En effet, si la performance, les compétences et le niveau de rémunération par rapport au marché doivent constituer les éléments de base des décisions, statistiquement, la moyenne des augmentations doit représenter une distribution équitable par sexe (hors déséquilibre de la répartition des effectifs). Un suivi particulier des changements de qualification en fonction des performances individuelles favorise une plus grande équité dans la mise en œuvre des promotions. L'entreprise doit également encourager la mobilité professionnelle pour favoriser la mixité dans les métiers de l'entreprise, notamment par la formation. Des mesures spécifiques peuvent être mises en œuvre pour favoriser et accompagner l'évolution professionnelle du personnel féminin. En effet, les métiers dits « masculins » peuvent faire l'objet d'une étude spécifique des formations éventuelles permettant d'y accéder, l'objectif étant de démontrer que les femmes peuvent élargir leurs choix professionnels, accéder à ces emplois et favoriser la parité de ces métiers soi-disant réservés aux hommes. Par ailleurs, pour que les absences spécifiques aux femmes (congé maternité ou parental) ne pénalisent ni les évolutions salariales ni le développement des compétences ou la gestion de carrière, un processus de réintégration dans l'entreprise doit être institué *via* un suivi individuel préparé et planifié en amont du retour et avec la salariée concernée. Ce retour pourra être enrichi d'un tutorat ou d'un coaching. Accompagner le retour des femmes pour ne pas interrompre ou ralentir les évolutions professionnelles constitue l'un des enjeux de la politique RH dans le cadre de la GPEC.

Faciliter l'insertion des salariés handicapés

Le taux de chômage des personnes handicapées s'avère près de trois fois supérieur à la moyenne nationale : leur taux d'emploi représente 37 % contre 73 % des 20-59 ans (Haute Autorité de lutte contre les discriminations et pour l'égalité, 2004).

Mettre en œuvre des aides complémentaires

Pour les salariés présentant un handicap, des mesures renforcées d'aides au développement de l'employabilité peuvent être mises en œuvre. Ainsi, un accord GPEC peut intégrer des budgets de formation spécifique si des besoins d'adaptation sont nécessaires pour la prise d'un nouveau poste. De même, l'employeur peut compléter financièrement les aides versées par l'Association nationale pour la gestion du fonds pour l'insertion professionnelle des personnes handicapées (AGEFIPH) en cas de besoin d'aménagement des postes de travail. Enfin, l'employeur peut recourir au support spécialisé de cellules externes de maintien dans l'emploi des salariés handicapés. En France, le réseau de professionnels pouvant aider à accueillir ces salariés est souvent méconnu. Or, ce réseau peut véritablement être de bon conseil pour la gestion des salariés reconnus Cotorep, apporter un soutien financier dans l'aménagement des postes de travail ou encore accompagner l'évolution des mentalités.

CONSEIL

Qui peut aider à insérer des salariés handicapés ?

Différents prestataires accompagnent les entreprises au niveau national :

- UNAPEI (Union nationale des associations de parents et amis des personnes handicapées mentales) ;
- APAJH (Fédération des associations pour adultes et jeunes handicapés) ;
- APF (Association des paralysés de France) ;
- GIHP (Groupement pour l'insertion des personnes handicapées physiques) ;

- UNAPHAM (Union nationale des amis et familles de malades psychiques) ;
- UNISDA (Union nationale pour l'insertion du déficient auditif) ;
- ADAPT (Association pour l'insertion sociale et professionnelle des personnes handicapées) ;
- CAP EMPLOI (organisme de placement spécialisé composé de 118 organisations) ;
- réseaux d'associations locales effectuant un travail de proximité auprès des entreprises et des collectivités.

Réussir le processus d'insertion

Pour garantir la bonne insertion des travailleurs handicapés, l'employeur doit d'abord mener une communication en interne affichant les préjugés existants pour mieux les effacer. Une fois cette prise de conscience réalisée, la direction doit mettre en œuvre une politique de recrutement adaptée, s'inscrivant dans le projet social de l'entreprise. Pour cela, la DRH, l'assistante sociale, le médecin du travail, le Comité d'hygiène de sécurité et des conditions de travail (CHSCT) ainsi que les responsables hiérarchiques doivent travailler ensemble. L'entreprise doit également maintenir l'emploi pour des personnes devenues handicapées pendant leur vie professionnelle. Elle peut ainsi aménager certains postes, car de nombreux outils facilitent l'insertion de ces personnes : il existe ainsi pour les malvoyants des claviers en braille reliés à des imprimantes spécifiques ou encore des télé-agrandisseurs pour travailler sur écran. Le cas échéant, la mise en œuvre d'un bilan professionnel avec le salarié concerné doit permettre d'envisager d'autres voies professionnelles, notamment par la formation.

CONSEIL

Le télétravail comme élément de solution de gestion

Afin d'accompagner des situations individuelles où les déplacements journaliers du domicile au travail sont difficiles, des formules de télétravail peuvent être envisagées avec l'usage des NTIC (toute activité assistée par ordinateur, de relation clientèle, etc.) sans nécessiter une généralisation de cette offre, car la démarche est acceptée par les salariés.

L'employeur doit être moteur de l'évolution des mentalités et surtout raisonner en termes de compétences et non plus de handicap, ce qui facilitera l'insertion des travailleurs concernés.

À RETENIR

- Le développement des relations avec les écoles et un travail sur le processus d'intégration permet d'attirer les meilleurs talents.
- La mise en œuvre de tutorats formalisés permet de mieux intégrer les nouveaux embauchés ou d'accompagner les prises de fonction.
- Les revues de personnel favorisent les décisions de développement adaptées à une cohérence de gestion des flux de personnel.
- Le coaching ou le feed-back du 360° favorisent le développement en réponse à des problématiques individuelles ou managériales.
- De nombreuses mesures sociales d'accompagnement permettent de faire vivre la mobilité interne dans l'entreprise.
- L'identification des passerelles et l'accompagnement des reconversions permettent de gérer les évolutions des métiers sensibles selon la stratégie de l'entreprise.
- Une véritable gestion de la deuxième partie de carrière permet d'accompagner le vieillissement de la population.
- Le développement des savoirs de base et la professionnalisation améliorent l'employabilité des salariés faiblement qualifiés.
- Des indicateurs de suivi spécifiques permettent de lutter en interne contre les disparités hommes/femmes.
- Un important réseau associatif existe en France pour conseiller et accompagner l'insertion des salariés handicapés.

4

Conduire et gérer une GPEC

Animer et suivre une GPEC

Impliquer les IRP dans le suivi de la GPEC

Les IRP doivent être impliquées dans la démarche GPEC, de la conception de celle-ci à son suivi et à la gestion de ses évolutions. Indépendamment de la mise en œuvre d'un Observatoire des métiers et des compétences (OMC), la GPEC peut faire l'objet d'une consultation annuelle (ou bisannuelle) des IRP. Celle-ci s'organise généralement dans le cadre d'une réunion spécifique à ce sujet et donc d'ordre exceptionnel, bien qu'il soit envisageable d'intégrer ce thème à des réunions usuelles. En fonction de la taille de l'entreprise, les consultations peuvent avoir lieu au niveau de chaque établissement – GPEC qui colle alors au plus près des réalités métiers de l'unité – ou multi-sites – CCE, voire comité de groupe (CG) ou comité de groupe européen (CGE). À ce niveau, non seulement les grandes lignes directrices sont présentées, mais un zoom est également fait sur des entités présentant des situations particulières, voire une consolidation de la cartographie des métiers et des compétences quand cela est possible (mais on se situe alors à un niveau très macro). Ainsi, c'est dans le cadre de la stratégie et de la politique d'entreprise que les différents acteurs peuvent discuter des conséquences prévisibles sur l'emploi.

Mettre en œuvre un OMC

La mise en place d'un OMC a pour objectif d'instaurer un suivi régulier, à la fois quantitatif et qualitatif, des métiers par grande filière ainsi que des compétences qui leur sont associées. Lorsqu'ils existent, ces observatoires sont généralement des instances d'animation et de suivi de la GPEC. À défaut, le suivi des travaux de l'OMC s'effectue par le comité de suivi ou dans le cadre habituel des instances de représentation du personnel (comité de groupe ou CG, CCE ou CE).

Les objectifs d'un OMC

Cette instance couvre différents objectifs, dont voici une liste non exhaustive :

- cartographier et catégoriser l'ensemble des métiers de l'entreprise (ou du moins ses métiers dits « sensibles », car faisant l'objet de changements à court terme) ;
- anticiper les évolutions prévisibles de ces métiers sur le plan qualitatif et quantitatif ;
- mesurer le risque lié aux projets de l'entreprise d'un impact sensible sur le nombre et la nature des emplois ;
- identifier les passerelles possibles entre les métiers ;
- assurer l'évolution de la cartographie des métiers ;
- identifier les actions de formation nécessaires pour accompagner l'évolution des métiers ;
- croiser l'approche par filière de métier avec celle par bassin géographique afin d'identifier les mobilités possibles.

CONSEIL

Communiquer sur l'OMC

Cet observatoire ne doit pas rester à l'état de travail en chambre entre la direction et les partenaires sociaux, mais faire l'objet d'une communication régulière auprès du personnel afin de sensibiliser tous les salariés de l'entreprise et de leur faire prendre conscience des évolutions. Tous les supports de communication de l'entreprise peuvent être utilisés : intranet, journaux internes, espaces emploi et mobilité, etc.

Le fonctionnement d'un OMC

L'OMC est généralement composé d'un représentant de la direction – souvent un interlocuteur RH, voire un salarié dédié aux problématiques d'emploi dans les grandes structures – et des RP (délégués syndicaux, membres du CCE ou du CE).

En fonction de la taille de l'entreprise, la fréquence de réunion de l'OMC est généralement de deux à trois rendez-vous annuels, avec la possibilité pour l'une ou l'autre des parties d'organiser des réunions de travail ou de convoquer des réunions exceptionnelles.

Créer un comité de suivi

Pour accompagner et suivre la mise en œuvre de l'accord, un comité de suivi doit être créé au niveau de l'entreprise ou du siège social dans le cas d'un groupe. Il est composé de membres des OS signataires de l'accord GPEC ainsi que des représentants de la direction (DRH, parfois avec le directeur d'établissement ou le directeur général). Le rythme et la fréquence des réunions sont souvent fixés par l'accord GPEC (trimestriel, semestriel ou annuel), bien qu'il soit possible d'accroître le nombre de réunions si des problématiques particulières étaient identifiées.

À l'occasion de ces réunions, différents sujets peuvent être abordés :

- travaux de l'OMC ;
- point sur le déroulement des actions en cours ;
- bilan des actions réalisées.

Cependant, le rôle du comité de suivi ne se substitue pas au rôle et aux missions des différentes IRP. De plus, cet organe n'a pas non plus la légitimité de mener des négociations.

Mener une démarche prospective

La réflexion dans le cadre d'une démarche prospective peut s'effectuer soit sous la forme d'un espace d'échanges au niveau du siège du groupe ou d'une filiale, soit de façon décentralisée au niveau d'un établissement. La prospection doit évidemment être menée sur les plans à la fois quantitatifs et qualitatifs. Pour alimenter la réflexion des participants, la direction peut aussi prévoir des interventions d'experts sur certains thèmes ou bien proposer des visites au sein d'entreprises nationales ou internationales pour observer les meilleures pratiques.

Projection quantitative des effectifs

Il est relativement facile de réaliser une projection de l'évolution des effectifs. C'est là une étape néanmoins indispensable, car c'est le premier indicateur d'évolution des emplois et des métiers. À partir de l'examen des bilans sociaux, Jean-Marie Peretti[13] a dégagé cinq structures types de pyramides des âges avec leurs problématiques associées.

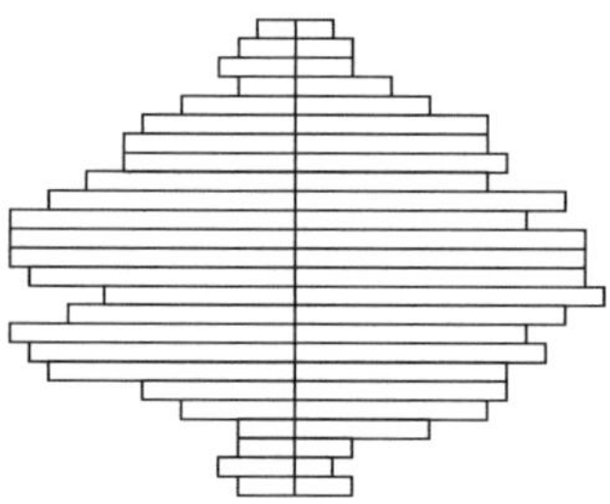 Pyramide en losange	La structure en losange (également appelée « toupie » ou « ballon de rugby ») présente une faible proportion de salariés jeunes et âgés, ce qui réduit les problématiques de gestion spécifiques à ces populations. Cependant, la concentration de la génération intermédiaire (30-40 ans) pose des problèmes de gestion des carrières (promotions) et l'absence de renouvellement des générations engendre une structure en champignon.
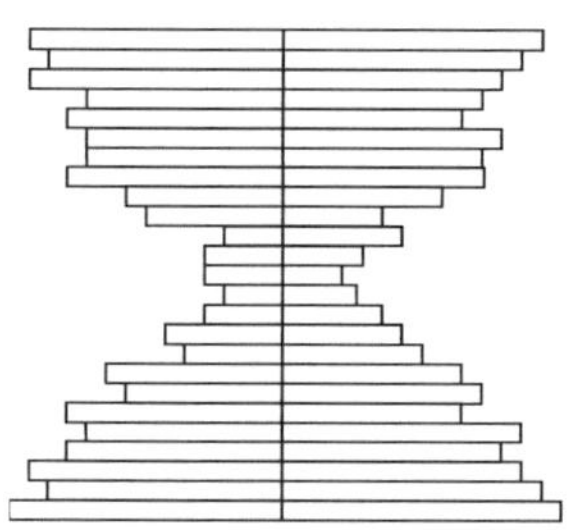 Pyramide en os	Une structure en os souligne le choc générationnel entre les salariés jeunes et âgés avec un creux important dans la génération intermédiaire. La conséquence est un déficit de « middle management », des opportunités d'accélérateurs de carrière pour les jeunes et un besoin de tutorat et de transfert de connaissances. Cette pyramide résulte d'un recrutement de jeunes salariés suite à des départs importants (préretraites ou retraites).

.../...

13. Praticien et consultant RH, président de l'IAS (Institut international de l'Audit Social), il est aussi professeur à l'ESSEC, à l'ESC de Rouen, à l'Université de Corte (Corse) et directeur de l'ESC Marseille.

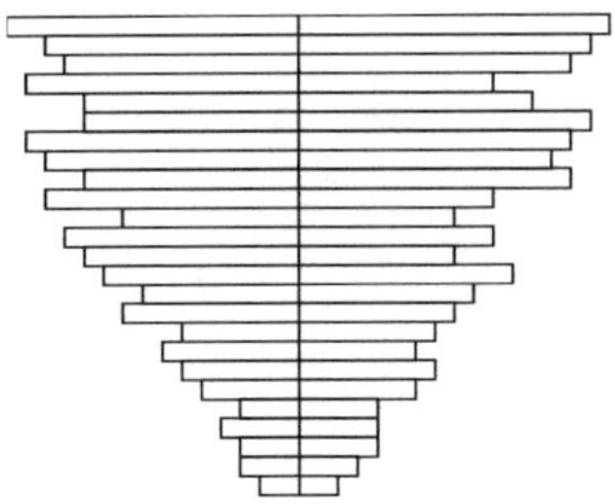 Pyramide en champignon	Cette pyramide, de plus en plus courante, illustre le vieillissement de la génération du baby-boom qui se rapproche de l'âge de la retraite. Elle présente une masse salariale élevée et renvoie à la problématique de l'emploi des salariés âgés (maintien de l'employabilité contre les départs en préretraite). Le renouvellement des effectifs est facilité, avec néanmoins des enjeux de transfert des connaissances pour anticiper les départs.
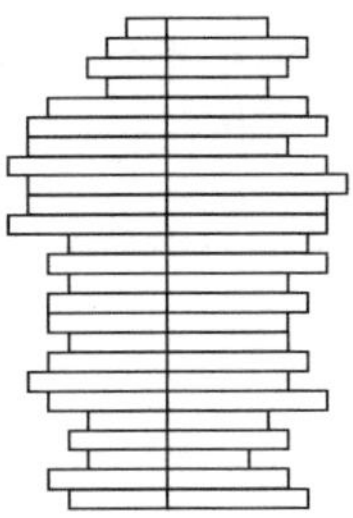 Pyramide en cylindre	La pyramide en cylindre est une structure idéale et donc très rare. Elle suppose une régularité des flux de recrutements sur une longue période et offre un équilibre des générations au sein de l'entreprise. Cette structure facilite une gestion des carrières harmonieuse au sein de l'entreprise.
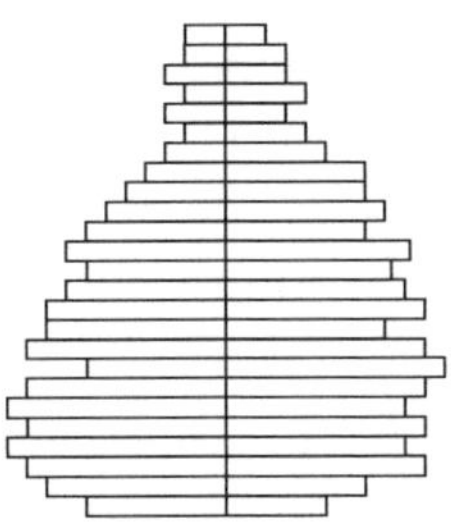 Pyramide en poire écrasée	Cette pyramide se caractérise par une population relativement jeune avec un nombre important de salariés de moins de 35 ans. Elle présente l'avantage d'une masse salariale moins élevée, mais des efforts importants en formation et en développement des compétences sont nécessaires. L'entreprise peut aussi souffrir d'une insuffisance de transferts des compétences.

Complémentarité de la projection qualitative par les compétences

Au-delà de la projection de l'évolution de la pyramide des âges, il est indispensable de croiser celle-ci avec une approche plus qualitative : quelles sont les compétences dont on dispose aujourd'hui et la projection quantitative pour demain en comparaison avec le niveau de compétences nécessaires pour atteindre les objectifs stratégiques ? Le schéma ci-dessous illustre les plans d'action liés à une analyse prospective à la fois qualitative (compétences) et quantitative (effectifs).

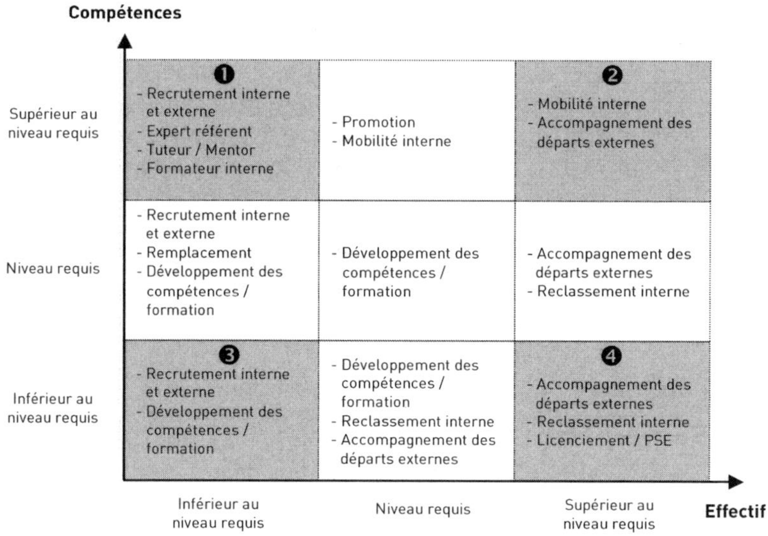

Prospective et plans d'actions RH

On peut distinguer quatre problématiques principales.

Dans la première, l'insuffisance des effectifs dans ce domaine de compétences rend particulièrement indispensable la rétention des salariés dont la « sur-compétence » doit être utilisée sous forme de tutorat et de formation interne pour accompagner la généralisation de ces compétences parmi les effectifs.

Dans la deuxième situation, un surplus d'effectif surqualifié constitue un vivier de salariés compétents dont le nombre n'est plus justifié par l'activité. Il convient par conséquent de les redéployer rapidement afin de garder ces bons éléments au sein de l'entreprise

Dans la troisième, le niveau d'effectif est insuffisant et les compétences ne sont pas à niveau. Il est donc urgent d'identifier des opportunités de recrutement interne et externe pour attirer des personnes de bon niveau tout en développant les niveaux de compétences des personnes en poste.

Enfin, dans la quatrième situation, le surplus d'effectif est en revanche insuffisamment qualifié et son redéploiement n'est pas envisageable à ce stade au sein de l'entreprise. Si le développement des personnes doit constituer une priorité, c'est pour mieux les accompagner dans un reclassement interne ou externe.

Cette réflexion peut être sécurisée *via* un accord de méthode, dans la mesure où la démarche prospective n'est pas discutée dans un espace de négociation et ne peut donc se substituer aux IRP. Cette approche favorise la qualité des échanges et exige un strict devoir de confidentialité de la part des différents acteurs.

Communiquer la GPEC aux salariés

Afin de rendre l'application de la GPEC la plus dynamique possible, les salariés doivent pouvoir être informés des activités existantes dans le groupe, de leurs évolutions probables ainsi que des perspectives d'emploi ou encore des parcours professionnels possibles. L'intranet de l'entreprise constitue un support adapté pour afficher et partager les besoins en recrutement, les évolutions (en croissance et en décroissance) ainsi que l'émergence des métiers. De plus, un affichage des parcours professionnels possibles peut servir de repère en montrant les évolutions envisageables au sein d'une même famille d'activités et les passerelles de compétences existant d'une filière à l'autre. Cette communication vise à encourager la mobilité interne vers les secteurs prioritaires, mais aussi à faciliter les projets personnels comme l'essaimage. Une communication « papier » est également nécessaire, car elle complète l'information sur intranet. Le support papier est ainsi indispensable dans les environnements de travail où certains salariés n'ont pas accès à l'intranet, bien qu'il soit également possible d'installer une borne informatique d'accès à un tel espace. Cependant, même en disposant de toutes les informations, il n'est pas toujours facile de construire son projet professionnel et encore moins de savoir comment le réaliser. C'est pourquoi des espaces dédiés peuvent être proposés en complément des supports d'information.

Organiser un Espace Métiers et Compétences (EMC)

Afin de favoriser la mise en œuvre des actions de GPEC, l'entreprise peut mettre en place un EMC[14], c'est-à-dire une instance événementielle ou pérenne, qui offre des services aux salariés et/ou aux managers.

14. Appelé également Forum Métier ou Emploi, Espace Métier ou Emploi, Espace Développement et Compétences, etc.

Les objectifs d'un EMC

La mise en œuvre d'un EMC favorise l'application d'une dynamique de GPEC au sein de l'entreprise. En effet, les salariés peuvent ainsi :

- s'informer sur les métiers de l'entreprise et leurs évolutions ;
- se renseigner sur les opportunités de mobilité interne ;
- engager une démarche de projet professionnel ;
- s'informer sur les métiers porteurs dans d'autres secteurs d'activités et les tendances d'évolution du marché de l'emploi ;
- engager une démarche de création et/ou de reprise d'activité ;
- être orientés vers des formations internes ou externes ;
- se renseigner sur une démarche de VAE ;
- être accompagnés dans leurs recherches d'informations.

Quant aux managers qui doivent accompagner les projets de leurs collaborateurs (changement de fonction, d'entité géographique, etc.), ils peuvent également bénéficier de conseils d'accompagnement.

Mise en œuvre d'un EMC

Chaque salarié doit pouvoir se rendre à l'EMC. Dans les entreprises multi-établissements, un espace mobile effectuant des rotations régulières peut être mis en place afin que chaque site puisse bénéficier de ces informations. Une « hotline » téléphonique peut aussi être proposée. Les salariés peuvent ainsi prendre contact en toute confidentialité avec un correspondant RH qui les accompagne dans leurs démarches et bénéficier en outre de conseils et de services personnalisés (bilan professionnel et suivi de l'élaboration à la concrétisation de leurs projets). Enfin, les EMC sont initiateurs d'échanges : ateliers collectifs pour préparer les entretiens de recrutement ou apprendre à construire son réseau relationnel, présentation des métiers du groupe et de leurs évolutions, rencontres avec d'autres professionnels (témoignages de salariés, intervenants externes, etc.) ou encore participation à des forums événementiels sur un métier ou une famille professionnelle spécifique de l'entreprise.

La cellule d'essaimage

Au sein de l'EMC, les démarches de création ou de reprise d'activités peuvent être accompagnées d'une cellule d'essaimage qui a pour objectif d'accompagner les futurs créateurs ou repreneurs d'activité de la définition du projet jusqu'à sa validation. Les moyens en temps et financiers doivent être définis dans un cadre pouvant faire l'objet d'une convention tripartite entre la cellule d'essaimage, l'intéressé et son hiérarchique et/ou responsable RH. Une fois le projet validé, des formations et des spécialistes externes ou internes peuvent accompagner et faciliter la mise en œuvre de ce dernier. La cellule permet ainsi de favoriser les créations d'activité, voire de compléter la mise en œuvre de stratégies d'entreprise par accompagnement d'externalisation d'activités, tout en favorisant l'aboutissement de solutions personnelles.

CONSEIL

Comment réussir sa démarche GPEC ?

Pour cela, il faut :

- s'appuyer sur l'existant (outils, démarches, culture, historique, liens, etc.) ;
- identifier les points d'entrée dans la GPEC favorisant la mobilisation des acteurs ;
- démontrer que la démarche GPEC est intégrée dans la stratégie de l'entreprise ;
- définir une communication interne qui suscite l'intérêt et l'implication de tous ;
- valoriser la valeur ajoutée de la démarche GPEC ;
- créer un référentiel de compétences s'appliquant facilement aux situations réelles auxquelles les salariés sont confrontés afin d'être un outil légitime ;
- impliquer les dirigeants de l'entreprise, garants de la réussite de la démarche GPEC.

Financer la GPEC

Les aides de la DDTEFP

Afin d'encourager la mise en œuvre d'un dispositif GPEC, la DDTEFP propose des aides financières pour accompagner ces démarches. Le gouvernement souhaite en effet inciter les entreprises à anticiper les PSE et à favoriser la reconversion en amont des emplois potentiellement menacés.

Le cadre légal du financement

Différents textes précisent la nature et les modalités de financement de mise en œuvre d'une démarche GPEC.

Ainsi, la loi de modernisation sociale du 17 janvier 2002 (Code du travail, art. L.322-7) prévoit une aide au conseil dans l'élaboration d'un plan de GPEC, destinée aux PME de moins de deux cent cinquante salariés.

En outre, le décret n° 2003-681 du 24 juillet 2003 modélise le dispositif d'aide au conseil aux entreprises pour l'élaboration de plans de gestion prévisionnelle des emplois et des compétences.

Enfin, la circulaire du 29 mars 2004 précise les dispositifs d'aides octroyées aux PME pour mettre en place des actions de GPEC.

Qui est concerné ?

Les entreprises susceptibles de bénéficier d'aides de l'État doivent comprendre moins de deux cent cinquante salariés et ne pas appartenir à un groupe (caractéristiques de la définition communautaire des petites et moyennes entreprises). Cette aide est formalisée par la signature d'une convention d'appui à l'élaboration d'un projet GPEC dans une entreprise individuelle ou dans le cadre d'une approche interentreprises.

Cadre de la prise en charge

La convention permet la prise en charge à hauteur d'un plafond fixe des coûts externes de prestation de conseil dans la conception et l'élaboration d'un plan de GPEC. Elle ne peut servir à couvrir les coûts internes liés à cette prestation ou l'accompagnement de l'entreprise dans la mise en œuvre de la GPEC. Le prestataire doit être un cabinet de conseil extérieur et indépendant de l'entreprise cliente, qui doit s'engager à élaborer et à proposer un plan de GPEC à cette dernière.

Procédure à suivre

Afin de bénéficier des aides, il convient de respecter trois étapes.

Il faut tout d'abord déposer la requête auprès de la DDTEFP pour les demandes individuelles ou interentreprises, puis instruire la demande. Celle-ci est réalisée par la DDTEFP qui apprécie l'intérêt du projet au regard de l'environnement économique et social local. Enfin, la convention est signée par l'État et l'entreprise et détermine le montant et la part de la participation financière publique par rapport au coût d'intervention du cabinet de conseil ainsi que sa durée, qui ne peut excéder douze mois. Elle mentionne en outre un nombre de salariés potentiellement concernés par le plan de GPEC et prévoit une rencontre de bilan, six mois après son terme, entre les entreprises bénéficiaires et l'autorité signataire.

CONSEIL

Qui peut vous aider à mettre en œuvre la GPEC ?

Différentes institutions sont susceptibles d'apporter leur conseil, voire d'accompagner financièrement la mise en œuvre d'une démarche GPEC :

- ADEC (Actions de développement de l'emploi et des compétences) ;
- ANACT (Agence nationale pour l'amélioration des conditions de travail) ;
- DDTEFP (Direction départementale du travail, de l'emploi et de la formation professionnelle) ;
- EDEC (Engagements de développement de l'emploi et des compétences) ;
- FSE (Fonds social européen) ;
- FRAC (Fonds régional d'aide au conseil).

La convention de sensibilisation

Cet outil vise à promouvoir, à démultiplier et à développer les actions et les démarches de GPEC au sein des entreprises. La convention est conclue avec des organismes professionnels ou interprofessionnels ou toute structure territoriale susceptible de représenter et d'animer un réseau d'entreprises (chambres de commerce, comités de bassin d'emploi, groupements d'employeurs, etc.). L'objet doit porter sur l'information, la communication et l'animation de la GPEC auprès des entreprises ainsi que sur la capitalisation, l'évaluation et la diffusion des pratiques des entreprises entrant dans le champ d'intervention des organismes demandeurs. L'aide de l'État peut atteindre jusqu'à 70 % du coût total du projet GPEC. Fin 2005, 179 conventions de ce type ont été signées avec des acteurs territoriaux.

La convention individuelle d'appui à l'élaboration de plans de GPEC

Elle est conclue entre la DDTEFP et l'entreprise, qui peut choisir librement un consultant spécialisé pour l'accompagner dans la mise en œuvre de la GPEC. La DDTEFP prend alors en charge jusqu'à 50 % des coûts d'un consultant externe missionné sur ce sujet dans la PME. Les coûts ne peuvent cependant dépasser 15 000 euros. La convention est conclue pour une durée d'un an maximum et oblige les entreprises à établir un bilan au bout de six mois. Elle doit enfin intégrer les effets attendus du dispositif sur l'entreprise au niveau de :

- l'organisation du travail ;
- l'adaptation ou l'évolution de la compétence des salariés ;
- le maintien et le développement de ses emplois ;
- le développement des mobilités professionnelles ;
- la gestion de la pyramide des âges ;
- le développement du dialogue social.

La demande doit aussi présenter le consultant chargé d'élaborer le plan de GPEC ainsi que le budget prévisionnel détaillé de son intervention. Enfin, la demande doit comprendre la notification de la consultation du CE ou à défaut des délégués du personnel sur le projet d'engagement d'une démarche de GPEC dans le cadre d'une convention avec l'État.

La convention interentreprises d'appui à l'élaboration de plans de GPEC

Cette convention est conclue au niveau d'un bassin d'emploi, d'une filière économique ou d'un secteur d'activité. Un consultant, recruté par ce groupement d'entreprises, est chargé d'élaborer un plan de GPEC pour chaque entreprise et de préconiser des actions et des projets collectifs (coopérations, actions mutualisées, etc.). L'aide de l'État, limitée à 50 % du coût d'intervention du consultant, est alors plafonnée à 12 500 euros par entreprise. Il n'existe pas de seuil d'effectif : entreprises et PME de plus de deux cent cinquante salariés peuvent s'associer.

LE SAVIEZ-VOUS ?

En octobre 2005, 222 PME ont bénéficié de ces aides, soit 36 conventions individuelles et 27 conventions interentreprises. Cela représente moins de 50 % des crédits disponibles d'après Gérard Larcher, ancien ministre délégué aux Relations du travail et ex-ministre délégué à l'Emploi, au Travail et à l'Insertion professionnelle des jeunes.

De la GPEC au PSE...

Les limites de la GPEC

L'employeur a une obligation d'adaptation des compétences de ses salariés à l'évolution de leurs emplois, y compris antérieurement à l'évolution de la législation sur la GPEC. Selon l'article L.321-1 du Code du travail, « *le licenciement pour motif économique d'un salarié ne peut intervenir que lorsque tous les efforts de formation et d'adaptation ont été réalisés et que le reclassement de l'intéressé [...] ne peut être réalisé dans le cadre de l'entreprise.* » Toutefois, il s'agit d'une obligation de moyen et non de résultat. Le non-respect de cette obligation accroît cependant fortement le risque d'annulation d'un éventuel PSE. En effet, lorsque les moyens d'adaptation des effectifs et des compétences mis en œuvre dans le cadre de la GPEC ne suffisent plus, le recours à un PSE représente alors souvent la solution.

Le lien entre GPEC et PSE

La notion de GPEC est malheureusement aujourd'hui plutôt porteuse de représentations négatives, car associée à des réductions d'effectifs et aux PSE – il y a encore peu, la négociation d'un accord de préretraite Cessation d'Activité des Travailleurs Salariés (CATS) ou de Cessation d'Activité des Salariés Âgés (CASA) nécessitait la signature d'un accord GPEC qui n'était souvent qu'un habillage indispensable pour organiser les départs. De plus, les flottements et les interprétations contradictoires actuelles des tribunaux, qui se prononcent de façon aléatoire sur le caractère obligatoire ou non de la négociation GPEC avant la mise en œuvre d'un PSE, n'améliorent pas ces représentations. Or, la démarche GPEC vise à éviter la mise en œuvre d'un PSE par un ajustement régulier de l'offre de compétences en interne aux besoins et aux exigences de

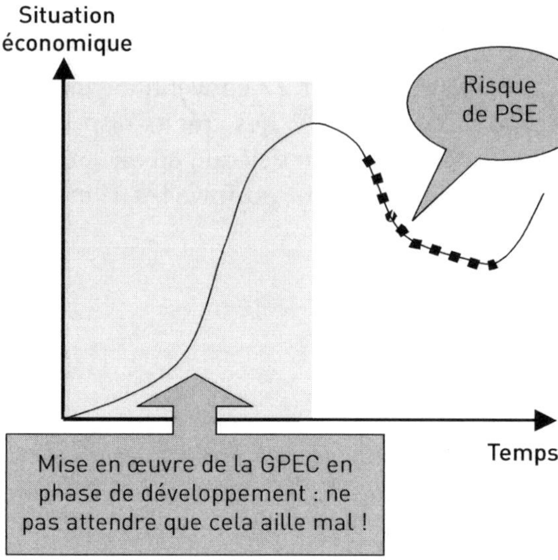

Évolution de la situation économique de l'entreprise

l'entreprise. Des mesures telles que l'accroissement de la mobilité interne ou encore la gestion individuelle des départs volontaires peuvent éviter de se lancer dans des procédures de licenciement collectif toujours plus complexes. Il est cependant illusoire d'imaginer la disparition des PSE. C'est pourquoi le succès d'une démarche GPEC a également pour objectif d'atténuer fortement les risques et les conséquences liés à la mise en œuvre d'un éventuel PSE.

Évolution de la jurisprudence

Le 5 septembre 2006, la procédure de PSE de la société Capgemini a été suspendue par le tribunal de grande instance (TGI) de Nanterre. En effet, bien que la société ait signé un accord GPEC, le TGI a estimé qu'elle n'avait pas mis en œuvre ce dernier avant de débuter les procédures d'information et de consultation des L4 et L3. De même, le 5 octobre 2006, le TGI de Paris a suspendu le PSE de la société Natexiaone en l'absence d'ouverture de négociation triennale sur la GPEC. L'évolution de la jurisprudence confirme ainsi la nécessité non seulement de formaliser un accord GPEC, mais d'en assurer véritablement la mise en œuvre après de réelles négociations avec les instances de représentation du personnel.

Articulation entre GPEC, PSE et accord de méthode

En fonction de la situation de l'entreprise, cette articulation s'effectue sous des formes diverses.

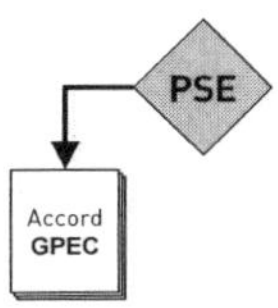	A. Entreprise en développement et en croissance Les négociations doivent porter à la fois sur un accord GPEC et sur les conditions de négociation d'un éventuel PSE (accord de méthode « à froid »). Une circulaire de la DGEFP distingue les accords GPEC « très à froid » (focalisation sur les outils de GRH tels que la mobilité, la VAE, etc.) et les accords GPEC « à froid » (gestion anticipée des métiers potentiellement menacés de suppression).
	B. Entreprise en logique de PSE à court terme Accord de méthode « à chaud » pour sécuriser le processus de négociation de PSE en amont des procédures légales L3 et L4. La DGEFP qualifie d'accords GPEC ceux qui organisent de manière anticipée la gestion d'une réorganisation avec un impact sur l'emploi (volontariat, conditions de mobilité, etc.) et se substituent ainsi aux accords de mobilité ou autres mesures sociales.
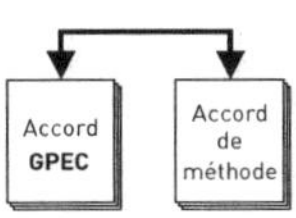	C. Entreprise en cours de PSE Avec la finalisation du PSE, il est fortement recommandé d'engager une négociation GPEC pour la gestion des « rescapés » afin de les remobiliser sur le nouveau projet d'entreprise (hors cas de fermeture). L'accord GPEC est alors de même nature que ceux caractérisés dans le cas A.

La mise en œuvre d'un PSE s'inscrit ainsi dans une gestion des flux d'effectifs et de compétences quantitativement trop importante par rapport à une échelle de temps trop courte, lorsque les outils de la GPEC ne permettent plus de gérer les écarts d'effectifs et de compétences.

À RETENIR

- La création d'un OMC permet de travailler avec les IRP sur les évolutions des métiers sensibles.
- La mise en œuvre d'une démarche prospective dans le cadre d'un comité de suivi facilite à la fois l'implication des IRP et la transparence.
- L'organisation d'un EMC peut faciliter la mise en œuvre des actions de GRH en application de la politique GPEC.
- De nombreuses aides financières peuvent accompagner la mise en œuvre de la GPEC dans les entreprises.
- La GPEC peut limiter le recours aux PSE, mais surtout en atténuer l'impact sur l'emploi en préparant les salariés à rebondir en interne ou en externe.
- La GPEC doit être négociée « à froid » avec des accords de méthode anticipant la gestion de PSE ou « à chaud » pour remobiliser les rescapés d'un PSE.
- Il est aujourd'hui risqué d'entamer la négociation d'un PSE sans avoir démontré au préalable la volonté de mettre en œuvre une GPEC.

partie

3

Préparer et négocier un PSE

« L'homme ne pourra plus accepter de travailler sans créer ni participer aux décisions. »

François Mitterrand

5

La naissance du PSE

Apparue pour la première fois en 1974, la notion de « plan social » n'a cependant été véritablement codifiée que par la loi Soisson du 2 août 1989. Elle a été renommée récemment Plan de Sauvegarde de l'Emploi (PSE) par la loi de modernisation sociale du 17 janvier 2002. Ce dispositif, mis en place par l'article L.321-4-1 du Code du travail, vise à encadrer et à prévenir les licenciements.

En suivant le schéma ci-après, présentons brièvement les grandes étapes de l'évolution des textes législatifs encadrant les licenciements collectifs.

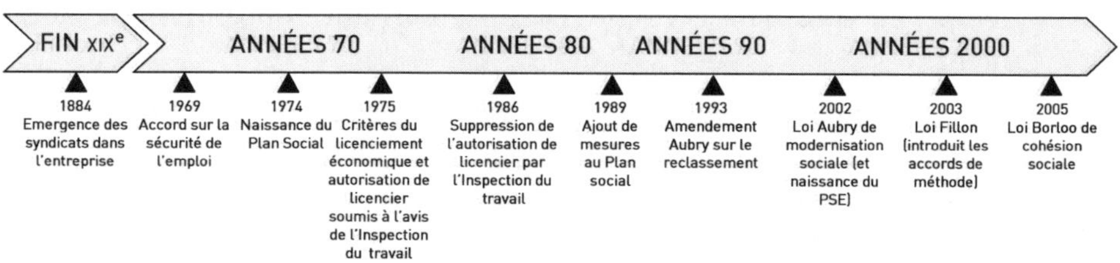

Chronologie du PSE

La création du cadre juridique

La fin du XIXe siècle donne aux ouvriers le droit de se regrouper de façon structurée au sein de syndicats, notamment en 1884. Ainsi, apparaissent au début du XXe siècle les premiers accords des conventions collectives et, par conséquent, les premières négociations entre syndicats et patronat. Les principaux motifs de négociation sont les salaires et la durée du temps de travail. L'ordonnance du 24 mai 1945 impose un contrôle par l'Inspection du travail lorsque le nombre de licenciement concerne au moins cinq personnes. Cette ordonnance ne sera plus véritablement appliquée à partir des années 1950, sans toutefois être abrogée. Le 10 février 1969, un accord interprofessionnel est conclu sur la sécurité de l'emploi. Il impose à l'employeur de consulter le CE à partir du moment où au moins dix personnes sont concernées par la réorganisation de l'entreprise. Selon cet accord, il existe deux types de licenciement collectif :

- le licenciement comme conséquence de fusions, de restructurations et de concentrations ;
- le licenciement comme conséquence d'une conjoncture économique défavorable.

L'invention du « plan social »

Le concept de plan social apparaît pour la première fois dans l'avenant du 21 novembre 1974 à l'accord interprofessionnel du 10 février 1969. Son objet est de contribuer à l'amélioration de l'emploi, notamment par la création de branches professionnelles. Cet avenant est historique puisqu'il définit pour la première fois les conditions d'information et de consultation du CE en cas de licenciement collectif. Dans le même temps, l'accord de 1974 signe l'acte de naissance du droit au reclassement.

« Les commissions paritaires de l'emploi ont pour tâche [...] d'examiner les conditions de mise en œuvre des moyens de reclassement et de réadaptation et de participer, si nécessaire, à cette mise en œuvre ; [...] Afin de permettre aux commissions paritaires de l'emploi d'avoir une meilleure connaissance de cette situation, lorsqu'un projet de licenciement collectif d'ordre économique portera sur plus de dix salariés appartenant au même établissement, les commissions paritaires de l'emploi, professionnelles et interprofessionnelles, compétentes seront informées par la direction sitôt que, conformément aux dispositions de l'article 12, le CE ou l'établissement l'aura lui-même été. Le cas échéant, elles participeront à l'établissement du plan social prévu au dit article. »[15]

15. Extrait de l'accord interprofessionnel de 1974, article 5.

La loi organise ainsi l'information et la consultation du CE ou à défaut des délégués du personnel. Il faudra attendre la loi du 3 janvier 1975 pour voir apparaître dans les textes de loi les critères fondamentaux du licenciement économique :

- il doit y avoir suppression de poste ;
- le motif du licenciement doit être extérieur à la personne concernée ;
- le licenciement économique doit être soumis à l'appréciation de l'Inspection du travail (sauf cas de liquidation judiciaire).

C'est ainsi que les licenciements économiques demeureront soumis à l'autorisation administrative de l'Inspection du travail jusqu'en 1986. En effet, suite à la signature d'un accord national interprofessionnel le 20 octobre 1986, la loi du 30 décembre 1986 a supprimé cette autorisation préalable, mais renforcé l'obligation de l'employeur d'anticiper les licenciements et d'accompagner les salariés concernés dans leur repositionnement professionnel. De plus, la loi renforce également le rôle des partenaires sociaux dans les obligations de consultation.

Quant à la loi n° 89-549 du 2 août 1989, elle constitue une évolution par rapport à l'accord de 1974. En effet, elle définit à titre indicatif une série de mesures susceptibles de figurer dans le plan social, mais uniquement pour les entreprises de cinquante salariés minimum et dotées de RP. En effet, bien que la loi définisse de façon générale le contenu du plan social, les expressions « mesures d'accompagnement » ou même « plan social » ne sont pas encore véritablement entrées dans les usages et la terminologie de l'entreprise.

À l'origine, le plan social ne contenait pas véritablement de mesures de reclassement. En effet, les plans sociaux privilégiaient les départs négociés, les conventions de conversion et les préretraites, mais les mesures d'accompagnement de retour à l'emploi n'y figuraient pas. Ces mesures constituaient donc des alternatives sociales (retraite anticipée, rupture d'un commun accord ou prise en charge par l'État) puisqu'elles ne garantissaient en rien un retour à l'emploi.

Les suppressions d'emploi mettaient donc largement l'État à contribution avec, d'une part, les conventions de conversion (les ex-salariés étant inscrits à l'Assédic) et, d'autre part, avec les préretraites aidées financièrement. Ces mesures suffisaient aux salariés et aux employeurs, ces derniers n'ayant pas de responsabilité sociale et se désengageant d'une grande partie du financement de « l'après-licenciement ». Alors que les entreprises s'impliquaient très peu dans la recherche de reclassements internes et externes pendant les vagues de licenciements massifs dans les années 1990, le gouvernement a alors fait preuve de fermeté en décidant d'imposer à l'employeur l'obligation de reclassement du salarié concerné. Ce texte de loi n° 93-121, voté le 27 janvier 1993, comporte donc un amendement sur le reclassement, appelé « amendement Aubry »[16]. La loi précise les mesures à inclure dans un plan social. Ainsi, elle introduit le fait que la procédure de licenciement et nulle et sans effet tant qu'un plan visant au reclassement des salariés n'a pas été présenté par l'employeur aux RP, qui doivent être réunis, informés et consultés. Les engagements souscrits par l'employeur restent étroitement contrôlés. En effet, le CE ainsi que l'autorité administrative interviennent tout au long du processus d'élaboration du plan social.

Du plan social au PSE

C'est le 17 janvier 2002 que la notion de « plan social » a été remplacée par celle de PSE, avec la loi n° 2002-73 dite « de modernisation sociale », instaurée par Martine Aubry, alors ministre du Travail et de l'Emploi. La mise en œuvre d'un PSE est ainsi obligatoire lorsque les deux conditions suivantes sont réunies (Code du travail, L.321-4-1) :

- l'entreprise ou l'établissement concerné emploie au moins cinquante salariés ;
- le nombre de licenciements envisagés est au moins égal à dix sur une période consécutive de trente jours.

Cette loi redéfinit certaines conditions de mise en œuvre d'un projet de réorganisation ayant un impact sur l'emploi. Ainsi, le calendrier des consultations est modifié, avec une procédure de consultation sur le projet de l'entreprise (volet économique : L4) préalable à celle sur le PSE (volet social : L3). La volonté du législateur était de permettre aux RP de formuler des propositions alternatives devant impérativement être étudiées par la direction et faire l'objet de réponses argumentées. De plus, cette loi impose également la présentation d'une étude d'impact

16. Code du travail, art. L.321-4-1.

social et territorial établie par le chef d'entreprise en cas de cessation totale ou partielle d'activité d'un établissement ou d'une entité économique autonome concernant au moins mille salariés.

La loi n° 2003-6 du 3 janvier 2003, dite « loi Fillon », a quant à elle suspendu certaines dispositions de la loi de modernisation sociale du 17 janvier 2002 et apporté une nouvelle approche du dialogue avec les partenaires sociaux. En effet, elle a redessiné la négociation collective relative aux licenciements économiques tout en remodelant le Code du travail. Cette loi a défini dans son article 2 et à titre expérimental les accords dits « de méthode ». Les partenaires sociaux ont donc été invités à négocier et à conclure des accords d'entreprise expérimentaux relatifs aux modalités d'information et de consultation du CE lorsque l'employeur envisage de procéder au licenciement pour motif économique d'au moins dix salariés sur une même période de trente jours et ce par dérogation aux dispositions des Livres 3 et 4 du Code du travail. Cette disposition visait ainsi à officialiser les accords de méthode déjà signés dans certaines entreprises et à encourager leur négociation par les partenaires sociaux. De plus, ces accords pouvaient être conclus dans un délai de dix-huit mois à compter de la promulgation de cette loi et ce pour une durée déterminée n'excédant pas deux ans. Mais en l'absence d'accord, la suspension de la loi de modernisation sociale s'est traduite par un retour au droit applicable antérieur.

Enfin, la loi de cohésion sociale du 18 janvier 2005, dite « loi Borloo », a pérennisé les accords de méthodes introduits par la loi Fillon, accords qui ont été intégrés au Code du travail (art. L.320-3). Cette volonté des gouvernements successifs de promouvoir le dialogue social et la négociation collective afin de définir les modalités de gestion de l'emploi s'est encore accentuée avec l'obligation de négociations sur la GPEC préalablement à toute démarche de mise en œuvre de PSE. C'est ainsi que l'entreprise est désormais contrainte de construire une véritable politique de l'emploi avec une GPEC qui doit non seulement accompagner l'activité de la société, mais surtout servir de levier de performance dans une GRH toujours plus stratégique.

Présentant une moyenne de plus de mille PSE (ou ex-plans sociaux) par an, le tableau ci-dessous présente un constat sur les pratiques en la matière en France, au regard de l'évolution des textes législatifs sur la gestion des licenciements collectifs.

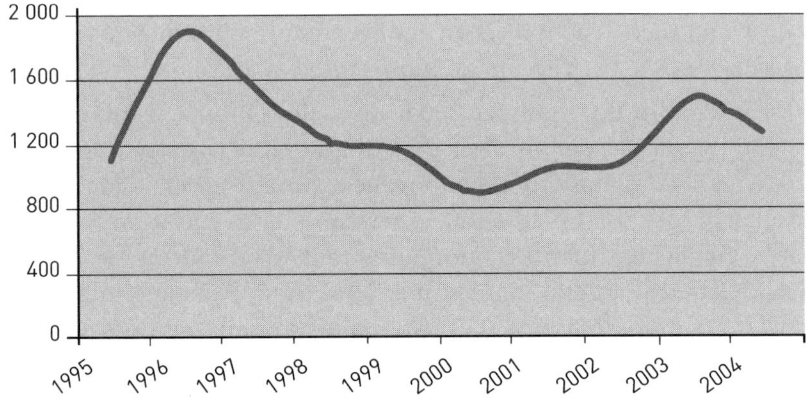

Évolution du nombre de PSE notifiés à l'administration en France métropolitaine (source : Dares – DDTEFP)

6

Définir le projet et l'ingénierie sociale

Préparer un PSE nécessite de constituer une équipe en mode projet, disposant de différentes compétences (internes ou externes) et articulée autour de la DRH, qui occupe généralement la fonction de chef de projet. En aucun cas le projet ne doit être porté uniquement par les ressources humaines.

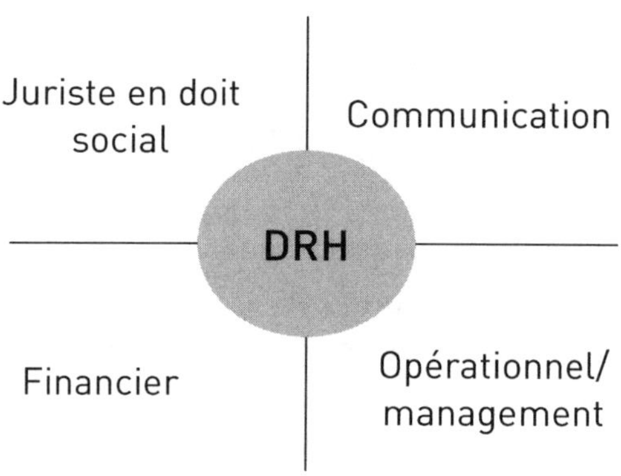

Différentes fonctions sont ainsi impliquées, ce qui facilite aussi l'intégration des messages clés. Si nécessaire, d'autres fonctions (spécialistes de la stratégie, fiscalistes, juriste en droit des sociétés, etc.) peuvent ponctuellement intégrer l'équipe.

Contexte et motifs économiques

La procédure légale à laquelle l'employeur doit se conformer en cas de licenciement collectif pour motif économique l'oblige à formaliser les raisons économiques de la restructuration envisagée. Cette formalisation fait l'objet d'un document écrit (L4) qui doit être présenté et soumis à la consultation des IRP. Cette étape préalable est indispensable, car l'acceptabilité du PSE par le personnel reposera en grande partie sur la solidité des raisons du projet. Il est donc évident qu'une entreprise qui démarre un PSE en ayant insuffisamment travaillé et explicité le motif économique accroît sensiblement le risque de difficultés majeures dans sa mise en œuvre. De plus, dans le cadre des procédures légales, les IRP désignent généralement un expert extérieur (souvent lié aux centrales syndicales) qui les assiste dans l'analyse du projet. Ce dernier apporte alors sa propre appréciation de la situation de l'entreprise et de la légitimité du motif économique.

Identifier la nature du motif économique

On peut distinguer deux types de situation : la fermeture partielle ou totale de l'entreprise. Les principaux motifs économiques, avérés ou prévisionnels, dans le cadre d'une sauvegarde de la compétitivité, sont les suivants :

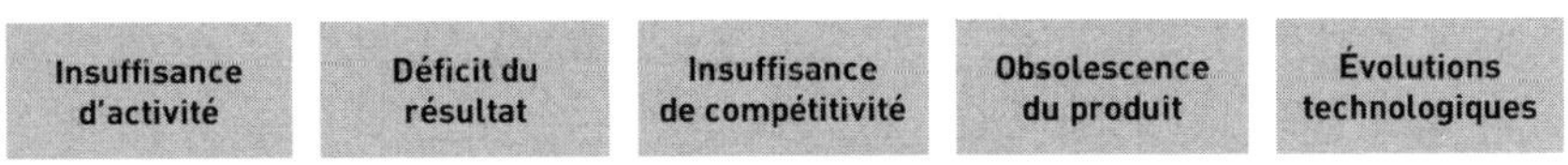

Principaux motifs économiques

Ils sont souvent interdépendants et inscrits dans un contexte spécifique : difficultés dans un secteur d'activité (crise des télécoms en 2001), problématique de localisation de l'activité (concurrence des pays à bas coûts de main-d'œuvre), conséquence de la guerre économique que se livrent les sociétés. L'argumentaire du projet doit être construit de manière à souligner des difficultés incontestables qui ne peuvent être résolues par d'autres moyens que la restructuration envisagée.

Nous insistons particulièrement sur la légitimité du motif économique, car c'est le principal pilier du PSE. Or, bien que cela puisse paraître étonnant, ce motif est souvent confus, peu explicite, mal argumenté et facilement contestable par les parties prenantes auxquelles il est présenté.

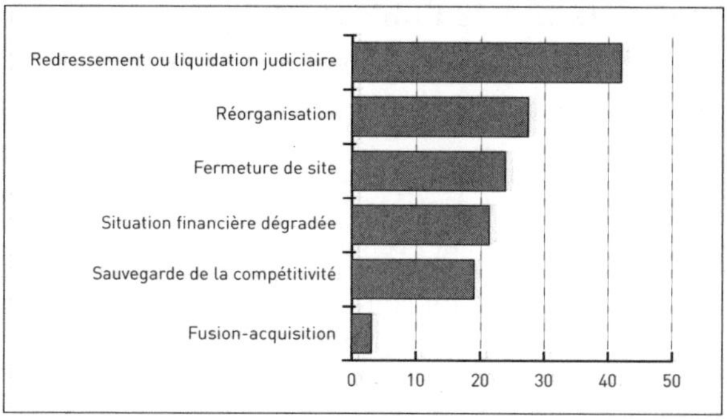

Motifs résumés des suppressions d'emplois sur 570 PSE, notifiés de 2002 à 2005, envisageant le licenciement de plus de cinquante salariés (source Dares-DDTEFP)

Formaliser le projet d'entreprise

La mise en œuvre d'un PSE nécessite une véritable formalisation de la stratégie de l'entreprise, car la direction devra convaincre l'ensemble des parties prenantes de la viabilité de son projet.

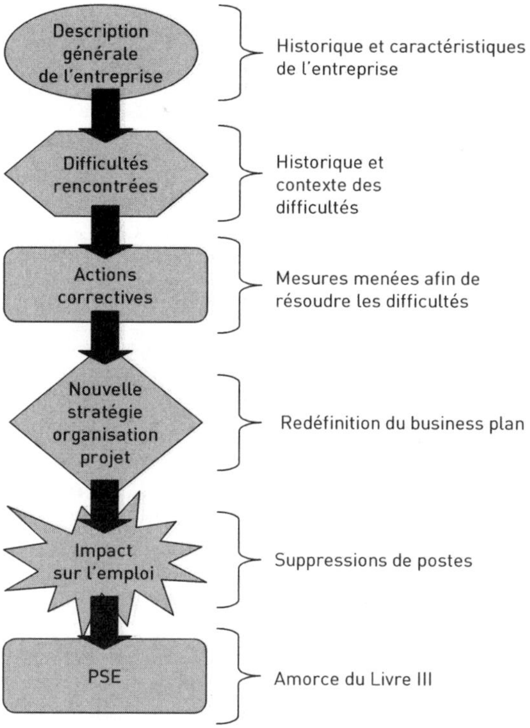

Structure simplifiée d'un Livre IV.

La description générale de l'entreprise

Cette partie constitue une présentation de l'entreprise comprenant différents types d'informations.

Générales	Historique de la société Évolution et événements majeurs
Économiques	Évolution du chiffre d'affaires Résultats sur les précédentes années
Commerciales	Marchés cibles Produits de l'entreprise Concurrence
Technologiques	Outils de production Processus de production Investissements
Sociales	Évolution de la structure des effectifs Réduction du recours aux CDD et à l'intérim Gestion de la mobilité interne/préretraite Référence à la démarche GPEC

La description générale de l'entreprise ne doit pas dépasser quelques pages (entre cinq et dix).

La description de l'origine des « difficultés »

Cette partie doit décrire la nature des difficultés auxquelles la société a été confrontée.

Externes	Évolution des marchés et des produits Impact sur l'entreprise (diminution des parts de marché) et sur les principaux concurrents Données chiffrées sur la décroissance
Internes	Données chiffrées sur la dégradation des résultats de l'entreprise : chiffre d'affaires, ventes, résultat d'exploitation Causes de la dégradation

La description des actions correctives

Cette partie doit présenter les principales décisions de la direction pour renouer avec un résultat positif, ainsi que les actions mises en œuvre pour résoudre les difficultés. En effet, sauf situation exceptionnelle comme un effondrement des marchés, l'érosion des résultats s'inscrit généralement dans le temps.

Voici différentes mesures pour sauvegarder la compétitivité :

- réduction des dépenses ;
- réorientation des stratégies commerciales ;
- adaptation des effectifs à la baisse de charge d'activité ;
- gel du recours à l'intérim et aux CDD ;
- investissements.

La description de la nouvelle stratégie, organisation et projet

Excepté dans le cadre d'une cessation complète d'activité, le lecteur doit comprendre qu'il n'y a pas d'autre choix que la mise en œuvre d'un PSE avec la définition d'un nouveau modèle de fonctionnement permettant un retour rapide à la rentabilité. Cette partie doit donc proposer une nouvelle stratégie avec une nouvelle organisation.

La description des conséquences sur l'emploi

Cette dernière partie doit être relativement courte, car elle ne doit pas anticiper sur le contenu du L3. Il suffit généralement de présenter l'impact sur l'emploi en termes de nombre de suppressions de postes envisagées.

Anticiper la gestion future

Enfin, lors de la prise de décision de fermeture d'un établissement, il est nécessaire de prendre en compte la répartition de la charge de travail sur les mois à venir. Un accroissement de charge pendant l'application des procédures légales engendre de la confusion quant à la légitimité du motif économique et offre un excellent moyen de pression sur les négociations en cours.

Définition de la stratégie sociale

Une fois le projet de la société défini, il faut élaborer la stratégie sociale qui l'accompagne. La réalisation en amont d'un diagnostic facilite l'élaboration d'une stratégie s'inscrivant au plus près de la réalité de l'entreprise.

Caractériser l'entreprise dans son environnement

On peut distinguer quatre principaux facteurs liés à la mise en œuvre d'un PSE.

Les caractéristiques de l'entreprise

Taille	PME/PMI (aides possibles) ou grand groupe (attentes plus fortes)
Secteur d'activité	Impact sur l'employabilité du personnel et donc sur l'acceptabilité du PSE, moyens financiers différents (banque/assurance/industrie)
Statut	Société indépendante Filiale d'un groupe (attentes plus fortes au niveau financier)
Nationalité	Française (risque plus élevé de pression des pouvoirs publics et de l'opinion publique) Internationale (quid du lieu d'implantation du siège social et de la compréhension des enjeux du PSE à l'étranger)
Périmètre géographique	Structure impactée : établissement unique, société multi-sites, personnel en « home office », salariés expatriés, etc. Opportunité de favoriser les transferts de personnel dans une entreprise multi-établissements (accord de mobilité, mise en place d'un service de ramassage par bus, etc.) Risque de conflit social plus faible dans un environnement de travail multi-établissements (type agences) ou avec des salariés souvent en déplacement (peu de contacts)
Situation économique	Pertes importantes ou résultats positifs Situation conjoncturelle ou dégradation durable

L'image de l'entreprise

Positionnement local	Poids de l'entreprise dans le bassin d'emploi local (société réputée, petit employeur dans un bassin d'emploi important) Contexte régional (bassin d'emploi porteur ou sinistré, autre employeur réputé en contexte de restructuration, etc.)
Positionnement médiatique	Poids de la marque (directement connue du grand public ou sous-traitant anonyme).

Les stratégies de négociation et l'impact de la pression sociale et/ou médiatique seront différentes selon qu'il s'agit d'un groupe appartenant au CAC 40, d'une société réputée et employeur important dans un bassin d'emploi local ou d'un petit sous-traitant local dont le nom n'évoque rien pour le grand public.

Le type de PSE appliqué à l'entreprise

Motifs	Insuffisance d'activité, obsolescence, préventif. La légitimité et l'acceptation sociale de ces motifs sont les clés du bon déroulement du PSE (avec bien sûr une bonne communication associée, car les motifs peuvent être légitimes, mais mal intégrés et incompris).
Nature	Fermeture totale : les salariés n'ont « plus rien à perdre ». Réduction partielle des effectifs : accompagner les départs, mais aussi les « survivants » (gérer le traumatisme, remotiver, etc.).

Le vécu de l'entreprise par rapport au PSE

Historique	Premier « plan social », ce qui représente un choc pour le personnel. Énième PSE entraînant une rancœur et une agressivité accumulées, car les promesses de retour à une situation positive ne sont jamais suivies d'effets...
Expérience des acteurs	Vécu des acteurs en matière de PSE : direction, DRH, mais aussi RP et le personnel lui-même (choc du premier PSE, énième plan, fermeture définitive)

Établir un diagnostic psychosociologique du personnel

Après un diagnostic de l'entreprise, il est nécessaire de caractériser son personnel.

Volume d'effectif	Type de procédures légales (voir le Code du travail) Gestion de l'ensemble du projet (moyens, communication, etc.) Gestion du temps (de la GPEC au PSE)
Structure de l'effectif	Catégories socioprofessionnelles Niveaux de qualification et de compétences Répartition par sexe et par âge
Culture et histoire	Capacité de mobilisation Solidarité interpersonnelle Rapport au métier Qualité des rapports sociaux
Taux de syndicalisation	Présence de DS (seuls habilités à signer un accord collectif) Légitimité des interlocuteurs Multiplicité des mandats (nombre de salariés « protégés ») Diversité des OS présentes (effets de blocage, contre-pouvoir)
Instances de représentation du personnel	CCE/CE CG/CGE DP CHSCT

Définir la stratégie sociale

En fonction de la caractérisation de l'entreprise, de ses effectifs et du volume de licenciements envisagé, la mise en œuvre du PSE va s'inscrire dans des procédures et des calendriers sociaux différents (voir le Code du travail). Les stratégies de négociation seront examinées plus loin dans la partie sur la négociation des accords. En revanche, il est désormais possible d'identifier les types de solutions les plus adaptés à la problématique de l'entreprise. La nature de chacune de ces solutions sera décrite dans la partie sur l'application des mesures sociales. Il reste alors à définir le coût de chacune de ces mesures, ce que nous verrons dans l'évaluation du coût du PSE.

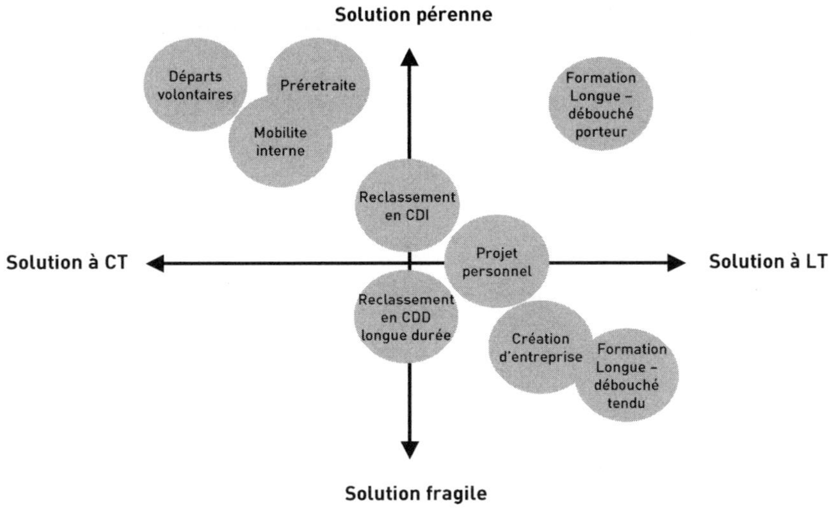

Pérennité et rapidité de mise en œuvre des solutions

Définir la stratégie de communication

La gestion de la communication constitue un enjeu important dans la conduite d'un PSE et peut même être considérée comme l'un des indicateurs de succès en cas de conséquences faibles ou nulles au niveau médiatique.

CONSEIL

Comment s'approprier la communication sur le projet ?

Un bon exercice préparatoire consiste à écrire en une page « l'histoire » que l'on veut raconter. Ce texte pourra ensuite être utilisé tout au long du PSE comme le document de référence pour toute communication.

Différencier information et communication

Une interaction de la direction avec l'ensemble du personnel est indispensable. Sa fréquence varie selon la nature de la communication, la taille des effectifs et la situation (de la réunion d'information pour l'annonce du PSE à la machine à café). En effet, les supports d'information écrits (panneaux d'affichage, intranet, e-mail) sont seulement de l'information et ne remplacent pas la communication.

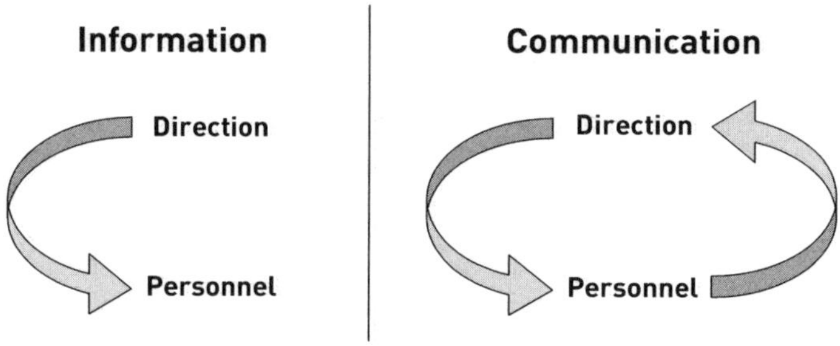

Informer et communiquer

La présence « sur le terrain » de membres de la direction est indispensable afin de maintenir un contact étroit avec le personnel.

Communication orientée vers l'interne

Si la direction n'occupe pas le terrain de la communication interne, alors les IRP et les délégués syndicaux le feront seuls. De plus, dans un contexte d'anxiété et en l'absence d'une communication directe de la direction, les rumeurs les plus variées circulent rapidement. L'annonce du PSE au personnel par le directeur général demeure la meilleure pratique de communication directe de la direction vers le personnel. Enfin, l'encadrement doit faire l'objet d'une communication spécifique afin de pouvoir se l'approprier pour remplir au mieux son rôle de relais de l'information et de facilitateur des échanges.

Calendrier	Cible	Support	Moyen
Avant le jour J (pendant la négociation de l'accord de méthode ou au début du L4)	Personnel	Notes d'information interne régulières (à la suite de chaque réunion ou hebdomadaire)	Affichage interne (panneaux d'affichage, intranet)/ liste de diffusion par e-mail
Le jour J (annonce au personnel suite à l'information du CCE/CE)	Personnel	Document d'information pour les élus à remettre le jour J + lettre	Information du CCE et communication orale au personnel
Information au personnel après le jour J	Personnel	Document d'information	Courrier/visites
Après l'information au personnel le jour J	Clients	Courriers	Téléphone/Visites en face à face

Tableau de bord de communication interne d'un PSE

L'émergence de nouveaux supports d'échange

Avec l'arrivée des nouvelles technologies, de nouveaux supports de communication apparaissent comme les blogs des salariés. Ces vecteurs de communication *via* Internet sont totalement indépendants des supports de l'entreprise et facilitent un libre-échange d'informations. La consultation régulière de cet outil constitue une source complémentaire de remontée d'informations qui doivent cependant toujours être comparées avec d'autres sources. Il est parfois même possible d'utiliser ce support pour informer le personnel (par exemple contacter les personnes en congé de reclassement alors que le site est fermé).

La communication orientée vers l'externe

La médiatisation d'un PSE constitue un moyen de pression assez redouté, surtout quand l'entreprise ne cesse pas ses activités. En effet, une mauvaise image peut dégrader les relations avec les clients, rendre les recrutements plus difficiles, effrayer les investisseurs, etc. Cependant, il est rare qu'elle prenne une ampleur suffisante pour produire des effets sensibles sur le déroulement des négociations. C'est le plus souvent la presse locale qui rend compte du PSE. Dans de rares cas, les chaînes de télévision régionales, voire nationales, peuvent aussi relater l'avancement des négociations. En outre, la mobilisation des salariés (grève, manifestation, etc.) facilite cette médiatisation. La direction doit donc être proactive dans sa communication externe.

Stratégie	Calendrier	Cible	Support	Source	Moyen
Proactive/ locale	Quelques jours avant le jour J	Préfet, maire	Document d'information pour les élus à remettre le jour J + lettre	Établissement	Visites en face à face
Proactive/ locale	Jour J : information au personnel + 30 minutes	Presse locale	Communiqué de presse	Siège	Fax/ e-mail/ téléphone

.../...

Proactive/ locale	Jour J : après information au personnel	Autorités régionales, départementales, élus	Document d'information	Établissement	Courrier/ visites
Proactive/ locale	Jour J : après information au personnel	Clients, sous-traitants, fournisseurs, partenaires	Courriers	Établissement	Téléphone/ Visites en face à face

Tableau de bord de communication externe d'un PSE

La préparation des porte-parole

Les relations avec les médias constituent souvent une source d'anxiété pour les personnes non initiées. Les conséquences d'un discours ou d'un comportement inadaptés peuvent être dramatiques pour l'entreprise, car elle ne contrôle pas le contenu des médias. C'est pourquoi il est nécessaire de maîtriser au mieux les relations presse pour limiter la prise de risques et l'improvisation. Il existe différents spécialistes en communication pouvant accompagner sur le fond et la forme les personnes en charge des relations avec les médias. Ces formations dites de « média training » sont extrêmement utiles avant la mise en œuvre d'un PSE. Il s'agit d'excellents entraînements qui favorisent également la répétition et l'intégration d'un discours utilisé avec de nombreuses parties prenantes. L'encadrement doit être informé de la conduite à tenir en cas de prise de contact par un journaliste.

CONSEIL

Les bons réflexes quand un journaliste appelle

Il convient de :

- savoir qui il est : quand un journaliste contacte un membre du personnel, le premier réflexe doit être de demander son nom, ses coordonnées, ainsi que le nom du média pour lequel il travaille ;
- savoir ce qu'il veut : il faut lui demander les raisons pour lesquelles il vous a contacté, le type d'informations qu'il recherche ;

- savoir quand il veut les informations : la date de remise de l'article ou de bouclage constitue une indication précieuse sur le temps dont on dispose pour formuler et livrer une réponse. Il convient de lui préciser qu'une personne le recontactera rapidement avec les éléments de réponse ;
- faire circuler l'information de cette prise de contact : quel que soit l'interlocuteur ayant pris l'appel, il doit au plus vite en informer le management de l'établissement, la direction ou le service communication ; les personnes en charge des relations avec les médias pourront alors décider de la suite à donner à cette demande.

Lors de l'entretien avec un média, il est nécessaire de véhiculer un message précis et de s'y tenir (« technique du disque rayé »). La préparation suppose d'avoir identifié au préalable les deux ou trois messages clés que l'on souhaite transmettre.

LE SAVIEZ-VOUS ?

L'entreprise en restructuration a une obligation légale de communication envers les sous-traitants en vertu de l'article L.432-1 du Code du travail. Une information et/ou une consultation du CCE/CE dans le cadre d'un projet de nature à affecter le volume d'activité ou d'emploi d'une entreprise sous-traitante doit faire l'objet d'une information immédiate de celle-ci par l'entreprise donneuse d'ordre. Le CCE/CE de l'entreprise sous-traitante, ou à défaut les DP, doi(ven)t alors être immédiatement informé(s) et recevoir toute explication utile sur l'évolution probable de l'activité et de l'emploi.

Enfin, bien que cela ne fasse pas l'objet de contraintes légales, il ne faut pas négliger la communication vers les clients pour les informer de la situation et les rassurer quant à la capacité de l'entreprise à maintenir sa prestation.

Quels supports pour les équipes RH ?

Renforcer les équipes de la DRH

Une réduction des effectifs va souvent de pair avec un accroissement d'activité pour la DRH et donc un besoin de ressources supplémentaires. Ainsi, malgré un contexte de suppressions de postes, voire de fermeture de l'entreprise, il est possible de recourir à des CDD en raison de l'accroissement de l'activité au sein du service RH suite à la mise en œuvre d'un PSE ou de missionner des managers de transition spécialisés en PSE.

CONSEIL

Comment motiver l'équipe RH ?

Il est possible d'assortir une rémunération variable sur la quantification du nombre de reclassements (exemple : *x* montant pour tous les *x* salariés reclassés à l'issue de la période de gestion du PSE).

Recourir à un prestataire RH

Le plus souvent, le besoin en ressources supplémentaires fait l'objet d'une prestation par un cabinet RH spécialisé dans le reclassement. Généralement, il a pour mission d'accueillir, d'évaluer, d'orienter, de conseiller et de reclasser de façon pérenne les salariés licenciés.

LE SAVIEZ-VOUS ?

Les premiers cabinets de reclassement sont apparus dans les années 1980 à l'initiative des grands groupes, puis se sont développés dans les années 1990 grâce à l'évolution de la législation. Généralement entièrement financés par l'entreprise, ils peuvent aussi être cofinancés par le Fonds national de l'emploi (FNE) à certaines conditions.

Comment choisir le bon prestataire ?

Les critères de sélection d'un cabinet de reclassement doivent être hiérarchisés en fonction de l'analyse de la situation évoquée précédemment pour comparer et évaluer les prestataires répondant à l'appel d'offres lancé par l'entreprise cliente.

Connaissance du bassin d'emploi local	Connaissance du tissu des employeurs et des entreprises qui recrutent
Connaissance de l'entreprise cliente	Précédentes prestations, y compris dans d'autres activités RH ou d'autres établissements du même groupe
Technicité des outils	Technique RH : bilan de compétences, analyse des profils, validation des acquis, reconnaissance de l'expérience professionnelle
Profils des consultants	Évaluation des compétences et des aptitudes Profils juniors ou plus expérimentés Réseaux professionnels Consultant national ou local (connaissance de la région et des entreprises locales)
Renommée du prestataire	Expérience et succès des missions précédentes
Connaissance du secteur d'activité	Connaissance des métiers et des profils Réseau professionnel dans le secteur d'activité
Coût de la prestation	« Petit » cabinet local (meilleure connaissance du bassin local) Prestataire national (mobilité nationale, synergies avec d'autres établissements)

Le cahier des charges est souvent assorti d'une obligation de moyens et/ou de résultats. La négociation du contrat de prestation de services peut aussi prévoir un intéressement aux résultats pour le cabinet. Ainsi, non seulement la rémunération peut être indexée sur le nombre de solutions identifiées, mais un seuil plancher peut aussi être défini (entre 70 et 90 %). Enfin, il est nécessaire de définir le mode de fonctionnement de l'équipe de consultants, en fonction de l'externalisation partielle ou totale du reclassement. En effet, le partage des tâches avec une équipe RH locale peut engendrer des conflits de leadership dans le pilotage de la mission. À l'inverse, l'externalisation complète du reclassement peut représenter un désengagement de la direction et la qualité du pilotage du prestataire est alors déterminante. Il est clair que l'implication de l'entreprise cliente dans l'activité de reclassement constitue un gage de bon résultat.

Comment évaluer le coût du PSE ?

Catégories de solutions

L'examen des caractéristiques des salariés et de leur employabilité par rapport au marché de l'emploi local permet d'établir une première cartographie des catégories de solutions. Le graphique ci-dessous est un exemple d'une simulation de répartition des solutions estimées.

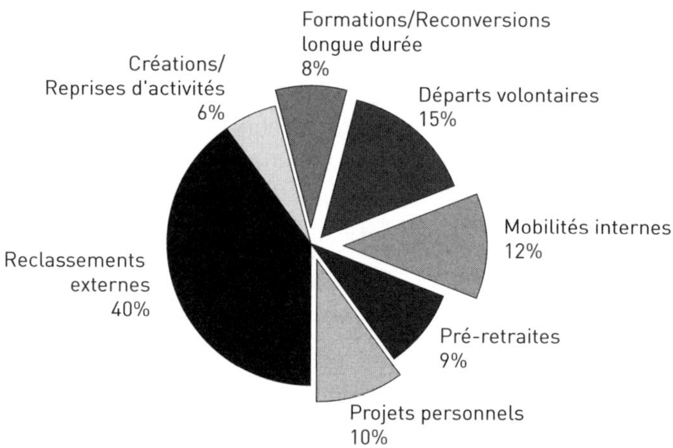

Répartition des types de solutions

À partir de cette cartographie, on peut définir une première estimation du budget de reclassement du personnel. Pour cela, il est nécessaire de chiffrer au plus juste les différents types de mesures et de construire un tableau de simulation à partir des données du personnel (niveau de rémunération, ancienneté) dans lequel on applique les hypothèses de coût des indemnités et des mesures sociales.

Nature de la solution	Coût de la solution	Fiabilité de la prévision budgétaire
Départs volontaires	★	★★
Mobilités internes	★	★★
Départ en préretraite	★★★	★★★
Départs en retraite	★	★★★
Projets personnels	★★	★★
Reclassements externes	★★	★★
Créations/Reprises d'activité	★★	★★★
Formations longues/ Reconversions	★★★	★

★ = faible ★★ = moyen ★★★ = élevé

Les budgets des différentes mesures sociales peuvent également être mutualisés, sachant que cette approche favorisera les probabilités de reclassement du personnel, car le coût de certaines solutions individuelles sera nécessairement supérieur aux montants négociés dans le cadre du L3.

Mesurer le retour sur investissement

Avant de calculer le budget, la direction doit définir les résultats qu'elle souhaite obtenir. En effet, l'importance des moyens mis en œuvre aura un impact direct sur la qualité du reclassement obtenu et des négociations avec les partenaires sociaux. Bien que les dépenses liées aux PSE soient généralement élevées, les directions semblent plutôt indifférentes quant aux résultats obtenus sur les montants investis. Très attentives aux étapes clés des négociations et à leurs conséquences médiatiques et financières potentielles, les directions ne s'intéressent souvent plus à l'application des mesures sociales par la suite. Le retour sur investissement (quand il est évalué) mesure davantage la quantité de salariés « sortis » avec le PSE ainsi que les délais, plutôt que la question du devenir des salariés.

À RETENIR

- La légitimité du motif économique et la viabilité du projet d'entreprise constituent les bases du bon déroulement d'un PSE.
- La formalisation du Livre 4 doit démontrer qu'aucune alternative n'existe à la mise en œuvre d'un PSE.
- Un diagnostic de l'entreprise et de son personnel permet d'identifier la meilleure stratégie sociale à appliquer pour favoriser le reclassement des salariés.
- Une réelle préparation des dirigeants est indispensable à une gestion efficace des médias.
- La réduction des effectifs de l'entreprise nécessite généralement un accroissement temporaire des effectifs du service RH.
- La sélection d'un prestataire RH doit intégrer une obligation de moyens ainsi qu'un intéressement au reclassement du personnel.
- Le retour sur investissement doit autant mesurer la qualité du reclassement du personnel que la rapidité de sortie des effectifs.

7

Conduire les négociations et gérer les conflits

La gestion des parties prenantes

Le développement de relations durables avec les parties prenantes internes et externes facilite la mise en œuvre du PSE. Un DRH qui connaît bien le tissu économique local sera le plus efficace des prestataires pour favoriser le retour à l'emploi de ses salariés. Cependant, un directeur général ou un DRH mandatés spécifiquement pour une mission de PSE héritent de l'historique des relations au sein de la société. La capacité à construire des relations sincères dans les délais les plus courts représente alors un facteur clé de succès dans la gestion du PSE.

Les parties prenantes internes

Les relations avec les RP

Un PSE confronte généralement la direction à l'héritage des politiques et des pratiques de l'entreprise en matière de ressources humaines. Il s'agit de l'obligation de traiter ce qui n'a pas été géré par le passé (problématiques de non-performance, « placards », rancœurs, etc.). La politique sociale peut alors représenter un avantage ou un inconvénient. Ainsi, un niveau de rémunération supérieur à celui du marché local peut handicaper le repositionnement dans le bassin d'emploi local et *vice versa*. Les politiques de formation du personnel ont un impact direct sur sa qualification, son employabilité et donc sur la qualité et la rapidité de son reclassement.

Les relations avec le management

L'encadrement est rarement à l'aise avec la mise en œuvre d'un PSE :

- il peut être directement concerné par les suppressions de poste ;
- il doit gérer les réductions d'effectifs dans son service.

Il est donc indispensable d'identifier les membres du management avec lesquels conduire la mise en œuvre du PSE et de les rassurer sur leur devenir.

CONSEIL

Comment motiver le management dans un PSE ?

- Assurance de non-suppression du poste sur une période définie ;
- garantie d'opportunités au sein de l'entreprise en cas de suppression de poste ;
- clause de confidentialité qui officialise et renforce un sentiment d'appartenance à un même groupe tout en sécurisant le partage des informations ;
- rétribution spécifique à la fidélisation au sein de l'entreprise par rapport à une mission à mener et/ou à un contexte difficile.

Ces managers doivent participer aux processus de pilotage et de mise en œuvre du PSE afin que le projet de la société soit construit collectivement et porté par l'encadrement. Ce dernier devra constamment être impliqué et accompagné pendant la mise en œuvre du PSE pour jouer au mieux son rôle (identification des postes à supprimer, communication avec les salariés, etc.).

Les parties prenantes externes

Les relations avec les médias locaux

Nous avons vu précédemment que le représentant de la direction identifié comme interlocuteur des médias devait être préparé à la gestion de la communication externe par des formations de type « média training » (voir p.140).

Les relations avec les élus locaux

Les élus locaux doivent être préalablement informés du projet de la direction. En effet, le risque politique existe et varie selon le poids de l'entreprise et les personnalités locales. De plus, il se déplace facilement sur le plan médiatique. Ainsi, en 2006, un député a entamé une grève de la faim médiatisée de plus d'un mois. Retenez qu'il n'est jamais du meilleur effet pour un élu qu'il apprenne la mise en œuvre d'un PSE par la presse locale…

Les relations avec les autres partenaires locaux

Elles recouvrent des acteurs très différents.

Acteurs	Contenu
DDTEFP	L'Inspection du travail joue souvent un rôle clé dans le bon déroulement du PSE, car elle peut arbitrer les litiges et jouer un rôle de conseil auprès des différentes parties prenantes.
RG	En situation de crise, le contact doit être permanent.
ANPE	Une démarche volontariste, même en parallèle, avec un prestataire privé ne peut qu'accroître les probabilités de reclassement des salariés.
Assédic	Accueil de tout demandeur d'emploi entrant dans le cadre du PARE et/ou de la CRP et versement des allocations chômage.
CCI	Outre leur rôle d'accompagnement des créateurs ou des repreneurs d'activité, les CCI offrent une visibilité sur les possibilités d'implantation d'activité dans le bassin d'emploi et favorisent la réindustrialisation.
AFPA	Cet organisme de formation a souvent un rôle important dans l'adaptation et la reconversion des salariés pour leur reclassement.
MEDEF	Cette organisation patronale peut apporter support et conseil dans la gestion du PSE.
Chambres syndicales	Ces organisations créées par des professionnels pour défendre et promouvoir leurs métiers peuvent apporter conseils et aides.
Institutions locales	Les Maisons de l'emploi, les agences de développement économique, etc., peuvent apporter un support (réactivation du bassin d'emploi local, accompagnement du personnel handicapé, etc.).

La négociation des accords

Intégrer les facteurs clés de succès

Le principe de réalité

Les propositions et les actions de la direction doivent toujours s'inscrire dans la réalité. Cela paraît relever du simple bon sens, mais on ne compte plus les problèmes et les échecs engendrés par des décisions qui ne s'inscrivaient pas dans la réalité. En effet, celle-ci réapparaît toujours, même lorsqu'on essaye de l'effacer. C'est pourquoi il est indispensable d'identifier et de sélectionner un homme de terrain et de dialogue avec un discours et des actes s'inscrivant dans la réalité pour mener les négociations.

La complémentarité des acteurs

La direction est généralement représentée par un binôme composé d'un spécialiste des négociations et des procédures sociales (RH) et d'un spécialiste de l'activité (chef d'établissement, directeur des opérations, etc.). Ainsi, leurs domaines de compétences couvrent l'aspect économique et social. Il est indispensable qu'au moins l'un de ces deux profils soit un homme de terrain et de communication.

Dialogue social et confidentialité

Il s'avère essentiel de bâtir le processus de négociation sur des fondations saines. La transparence sur les volets économique et social constitue la base d'une communication adaptée et efficace. La direction doit prendre l'initiative du dialogue et donner le ton : vérité, réalité et pédagogie aident à éduquer les RP. Omissions, déformation ou invention de motifs rationnels sont à exclure pour construire un vrai dialogue.

Il est aussi indispensable de rappeler la confidentialité dans laquelle s'inscrit la négociation (remise de documents sous couvert de l'obligation de discrétion régie par l'article L.432-7 du Code du travail).

Quant au contenu des communications au personnel sur l'avancement des négociations, il doit être discuté dans le cadre des réunions entre direction et RP.

La gestion du temps

Le calendrier des négociations est soumis à de fortes contraintes. En effet, l'évolution de la concurrence mondiale amène les entreprises à réduire de plus en plus les délais, alors que pour appliquer un PSE, il est nécessaire de prendre le temps de se faire comprendre. En effet, vouloir aller trop vite en amont risque de faire perdre bien davantage de temps en aval. Tant que les motifs économiques du projet ne sont pas suffisamment compris, il reste plus prudent de ne rien démarrer.

C'est seulement une fois la légitimité du projet démontrée et entendue que l'on peut commencer à discuter du volet social. Le non-respect de ce principe accroît bien sûr le risque de conflit, mais influence aussi le coût du PSE, car il existe une corrélation avec la légitimité du motif.

Légitimité du motif et montant des indemnités

L'historique des indemnités versées lors d'un précédent PSE dans l'entreprise ou à défaut dans le bassin d'emploi local sert de base aux revendications financières.

De plus, lorsqu'un établissement concerné par un PSE appartient à un groupe, les bénéfices de ce dernier seront mis en avant ainsi que les menaces médiatiques. Le calendrier est aussi lié à l'un des facteurs clés de succès du reclassement du personnel : le temps. La direction doit investir les moyens financiers dans le dispositif pour reclasser le personnel (sous forme de temps et/ou de mesures) alors qu'une forte pression est exercée pour obtenir d'importantes indemnités supra légales.

Enfin, les conflits s'articulant souvent autour de gains de temps, il est indispensable de bien mesurer en amont le temps nécessaire pour ne pas en perdre en voulant aller trop vite.

La préparation des acteurs

Le plus souvent, aucune des deux parties n'est réellement préparée à la mise en œuvre d'un PSE. L'employeur a la possibilité de recruter en externe la compétence qui lui fait défaut : prestataire RH, DRH de transition, etc. Mais les RP peuvent aussi être conseillés : par l'intervention de l'expert ou par les DS qui bénéficient du conseil et de la logistique de leurs OS. Les deux parties en négociation ne disposent cependant pas du même niveau de préparation. En effet, la direction maîtrise (normalement) le choix de la période de démarrage du PSE et dispose donc d'une durée d'élaboration et de préparation des négociations nettement supérieure à celle des élus, qui l'apprennent par effet d'annonce. Néanmoins, ils peuvent deviner qu'un PSE se prépare et donc anticiper et se former. Parfois, les RP prennent même l'initiative de la communication vers les médias avant l'annonce officielle du démarrage du PSE !

S'approprier le reclassement du personnel

Il est indispensable que la direction s'approprie le reclassement du personnel, qui doit être considéré comme une priorité, au même titre que les risques médiatiques ou sociaux. C'est loin d'être systématiquement le cas, car l'implication de la direction est souvent associée à la personnalité des dirigeants. Il est reproché aux directions de ne plus s'intéresser au déroulement du PSE, c'est-à-dire au suivi des solutions, une fois les négociations terminées. Les montants investis dans le PSE jouent alors un rôle déculpabilisant pour les dirigeants, qui se dédouanent ainsi, considérant qu'ils ont accompli leur tâche. On constate donc un glissement d'une logique de résultats (reclasser les salariés) vers une logique de moyens (financer le reclassement indépendamment du résultat). Les évolutions de ces dernières années, en particulier les positions prises par l'administration du travail, visent à exiger des mesures efficaces de reclassement plutôt que des indemnités élevées.

Accords de méthode et PSE[17]

L'article L.320-3 du Code du travail prévoit la possibilité pour un accord de méthode de fixer par dérogation aux dispositions des L3 et L4 les modalités d'information et de consultation du CCE et/ou du CE en cas de procédure de licenciement économique collectif. La principale inno-

17. Voir l'accord de méthode dans le cadre de la GPEC (p.60).

vation de ces accords réside dans le fait qu'il est désormais possible d'anticiper le contenu d'un futur PSE. L'objectif des accords de méthode est généralement de sécuriser la procédure de négociation du PSE afin de stabiliser le calendrier de mise en œuvre, mais aussi de canaliser les éventuels aléas judiciaires. Les accords de méthodes peuvent permettre d'anticiper les mesures de reclassement et parfois même d'éviter un L3.

LE SAVIEZ-VOUS ?

À la fin décembre 2004, 173 accords de méthode loi Fillon ont été paraphés. En 2005, ce n'est pas moins de cent cinquante accords de méthode qui ont été signés[18]. Cependant, sur la totalité des PSE mis en œuvre en 2004 et en 2005, les accords de méthode ne sont présents que dans 10 à 15 % des cas.

Pourquoi négocier un accord de méthode ?

Cet accord crée un groupe de négociation du PSE, dont la composition de la représentation de la direction et du personnel est formalisée, ce qui limite les risques de litige par la suite sur la représentativité des membres. On peut aussi prévoir d'inviter différents experts en fonction de l'ordre du jour. L'accord de méthode permet d'organiser et de cadrer dans le temps la négociation de la réorganisation. À nouveau, la proposition d'un tel accord doit s'inscrire dans une culture de dialogue social instaurée par la direction vis-à-vis des partenaires sociaux et non survenir brutalement. Il s'agit en quelque sorte d'annoncer aux RP : « *Nous avons un problème, il est nécessaire pour tous d'identifier des solutions. Mettons-nous autour de la table pour en discuter.* » Contrairement aux procédures L4 et L3, où le contenu des documents initiaux doit être conforme à des obligations légales, laissant peu de place à une réelle tractation, le champ de discussion du groupe de négociation reste complètement ouvert. Cela permet d'aborder aussi bien le projet industriel et économique de l'entreprise que de discuter des mesures sociales d'accompagnement. L'ensemble des membres du groupe de négociation est donc partie prenante dans les solutions à identifier pour résoudre les difficultés potentielles dans lesquelles l'entreprise peut se trouver : on passe ainsi d'une logique de confrontation à une logique de

18. *Liaisons sociales*, rubrique « Bref Social », N°14630, 19 mai 2006.

négociation. L'absence de contraintes sur les formes de communication, notamment dans la remise des documents, simplifie la négociation. Le groupe peut alors véritablement se concentrer sur le contenu et non sur le jeu de rôle théâtral des acteurs dans les procédures classiques de L4 et de L3. L'intervention d'un expert est facilitée par l'absence d'un quelconque formalisme. En effet, dans ce cadre plus informel, l'expert peut jouer davantage un rôle de conseil auprès des membres du groupe pour identifier des solutions. Les positions sont moins tranchées que lors d'une consultation dans le cadre d'une réunion de CCE ou de CE avec un vote sur une procédure qui peut entraîner des licenciements collectifs.

LE SAVIEZ-VOUS ?

Dans le cadre d'un accord de méthode, les conclusions du groupe de négociation et les éventuels accords (sur le projet de l'entreprise et/ou sur les mesures sociales d'accompagnement) ne peuvent se substituer aux consultations des CCE et du CE dans le cadre des procédures L4 et L3.

Le processus de négociation

Pédagogie, répétition et patience sont nécessaires pour justifier le projet présenté. Entre les réunions officielles avec les IRP, des discussions dites « off » favorisent des échanges bien plus libres sur les approches et les marges de manœuvre des différentes parties. La gestion des désaccords entre les différents RP peut aussi offrir des opportunités à exploiter dans la négociation. Enfin, la régularité de la mise en œuvre du PSE elle-même peut faire l'objet d'une négociation, car la complexité des procédures est telle qu'il est n'est pas rare de constater une erreur. À l'opposé, la direction peut utiliser d'autres leviers tels que la garantie de non-recours au chômage partiel en contrepartie d'une garantie de tenue des délais légaux ou comme mode de résolution de conflit.

Négociation d'un accord de méthode

Le premier enjeu consiste à convaincre les OS d'intégrer ce cadre complémentaire à celui des L4 et des L3. En effet, si pour l'employeur ce dispositif vise à sécuriser la mise en œuvre du PSE, les RP peuvent être réticents à s'engager dans une négociation pour un projet de réorganisation ou de fermeture qui ne sera dévoilé qu'ultérieurement. Ils ne souhaitent pas donner l'impression au personnel de valider *a priori* un projet de la direction impliquant des licenciements. C'est pourquoi les RP ne vont pas s'engager dans un tel dispositif sans disposer de contreparties conséquentes.

Accorder du temps supplémentaire

La plus importante des contreparties est généralement la durée supplémentaire accordée à la mise en œuvre du PSE, en amont et/ou en aval des procédures légales, dont les salariés peuvent bénéficier (mobilité interne ou volontariat[19]).

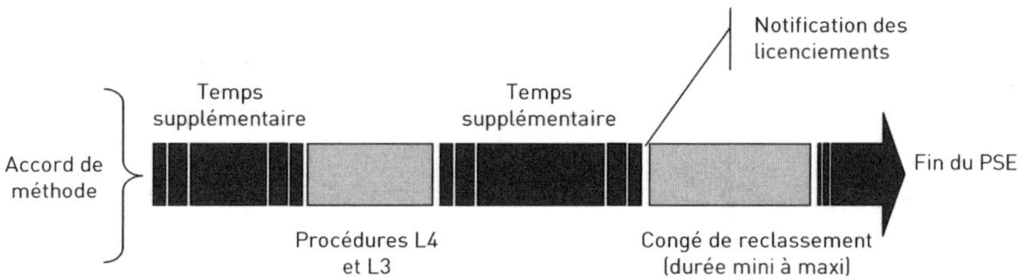

Calendrier social et gestion du temps

Le résultat de ces négociations peut être contractualisé sous la forme d'un ou de plusieurs accords collectifs dont le contenu sera repris dans l'application des procédures du L4 et du L3 (par exemple : accord de mobilité interne, accord de reconversion professionnelle). Comme tout accord, CCE et/ou CE devront se prononcer (bien que les acteurs soient généralement les mêmes que ceux du groupe de négociation).

Permettre la désignation d'un expert en amont

Il est également possible pour les RP de désigner un expert dès la signature de l'accord de méthode ou l'ouverture des négociations sur le L4. Cette disposition est tout à fait intéressante pour les RP, car elle leur permet non seulement de disposer d'un conseil dès le début des discussions, mais aussi de bénéficier d'une expertise approfondie sur le projet économique et industriel présenté. Cependant, la difficulté pour les RP sera de pouvoir formuler des contre-propositions économiques viables.

19. Voir les mesures sociales étudiées en p.181.

Direction	RP
Réduction, voire suppression des risques d'un recours en contentieux Stabilisation du calendrier des négociations et de la mise en œuvre du PSE Anticipation des reclassements avant la fin des procédures	Augmentation de la durée de négociation et/ou de la durée allouée au reclassement du personnel Nomination de l'expert dès la signature de l'accord de méthode ou l'ouverture des négociations sur le volet économique (L4) Moyens supplémentaires (budget, transports, locaux, temps, etc.) alloués aux négociateurs

Synthèse des enjeux liés à la négociation d'un accord de méthode

Une fois la discussion collective sur la façon de faire le PSE terminée, les volets économiques et sociaux du projet peuvent alors être discutés.

Présentation du L4

Bien que la stratégie relève de la direction, les RP peuvent potentiellement émettre des contre-propositions ou des alternatives intéressantes, ce que le cadre d'un accord de méthode favorise. La légitimité du PSE constitue le premier enjeu de la négociation.

Plus les RP sont des salariés « anciens », porteurs de l'histoire de la société, plus ils peuvent défier le choix de la mise en œuvre d'un PSE parmi d'autres solutions envisageables. Le principal effet de levier des RP est le recours à l'expert qui va analyser et remettre en cause l'argumentaire de la direction. Alors que celle-ci présente le PSE comme la seule alternative possible pour maintenir une activité économique et sociale (hors fermeture), l'expert essaye de caractériser cette solution comme un choix de gestion. Bien évidemment, si la situation économique actuelle de l'entreprise n'est pas contestable dans la majorité des cas, la stratégie de l'expert vise à démontrer qu'elle résulte des choix passés, une affirmation souvent chargée émotionnellement (« *Nos dirigeants nous ont conduits à cette situation, maintenant l'entreprise va payer !* »).

Argumentation	RP	Direction
Motif économique	Le motif économique de la mise en œuvre d'un PSE n'est pas légitime : recours à l'expert.	Le motif économique est non seulement légitime, mais le PSE est indispensable.
Choix de la solution	Existence d'alternatives au choix du PSE.	Le PSE est la seule alternative possible.
Héritage du passé	Le PSE présenté résulte de choix passés et l'entreprise doit payer ses erreurs.	Différents paramètres (conjoncture, concurrence) se sont imposés à l'entreprise qui doit traiter la situation actuelle tout en préservant l'avenir pour ceux qui restent.
Anticipation de l'avenir	D'autres stratégies et choix économiques pourraient éviter de procéder aux licenciements de personnes dont on aurait besoin demain.	Si on ne licencie pas partiellement aujourd'hui, tout le monde sera licencié demain et avec le minimum d'accompagnement.
Viabilité du projet économique et/ou industriel	D'autres alternatives au PSE sont plus optimales et remettent en cause le projet présenté.	Le projet présenté est le plus optimal pour renouer avec les bénéfices tout en minimisant l'impact sur l'emploi.

Synthèse de l'argumentation dans la négociation du L4

Négociation du L3

La première des difficultés est de convaincre les RP et le personnel que les budgets alloués doivent davantage privilégier le dispositif de reclassement que les montants des indemnités de départ. Il peut en effet sembler plus intéressant d'accroître le montant du chèque de départ, visible et palpable, que d'investir cette même somme dans des moyens dont on ne connaît pas *a priori* l'efficacité. Si, dans le premier cas, le salarié est sûr de bénéficier directement des montants négociés, dans le second, cela semble beaucoup plus indirect et bien moins concret ! De plus, un certain nombre de salariés peuvent être convaincus de pouvoir retrouver un emploi de façon autonome : dans ce cas, il semble bien plus avantageux de bénéficier d'une indemnité de départ plus élevée. L'enjeu pour la direction consiste donc à convaincre l'ensemble des parties d'investir les moyens dans le retour à l'emploi.

Les offres valables d'emploi (OVE)

La négociation des OVE proposées aux salariés en reclassement s'articule sur plusieurs points :

- nature du contrat de travail (CDI, CDD avec des spécificités de durée – souvent supérieure à six mois) ;
- périmètre géographique (dans un rayon de *x* kilomètres) ;
- nombre d'OVE à présenter ;
- étape de la procédure de présentation de l'OVE (du positionnement sur une offre à un contrat ferme à signer).

La réalité du dynamisme du bassin d'emploi local doit servir à déterminer le périmètre géographique des OVE. La gestion des salariés qui vont refuser des offres ou d'aller en entretien doit aussi être prise en compte. On constate des écarts importants dans les pratiques avec, à l'extrême, des propositions d'OVE à vie.

Les critères d'ordre des licenciements

Le Code du travail (article L.321-1-1) définit des critères légaux fixant l'ordre des licenciements pour déterminer les salariés dont la suppression de poste est envisagée : les charges de famille et en particulier celles des parents isolés, l'ancienneté de service dans l'entreprise, les compétences professionnelles, la situation des salariés qui présentent des caractéristiques sociales rendant leur réinsertion professionnelle particulièrement difficile, notamment les personnes handicapées et les salariés de plus de 50 ans. Les critères retenus s'apprécient par catégorie socioprofessionnelle. Si les RP souhaitent presque toujours privilégier les critères sociaux, la direction, elle, préfère favoriser les critères professionnels (compétences, qualités professionnelles) afin d'éviter de favoriser le départ des meilleurs éléments.

Argumentation	RP	Direction
Budget social	Maximiser le montant des indemnités de départ.	Allouer le budget au dispositif de reclassement.
Définition de l'OVE	Définition plus restrictive (CDI uniquement) et large nombre d'offres OVE (jusqu'au retour à l'emploi).	Définition plus large (CDI et CDD sous certaines conditions) et nombre plus restreint d'offres OVE (une à deux).
Budget des moyens	Maximiser les montants des différentes aides sociales (formation, prime de retour à l'emploi, allocation temporaire de compensation salariale, etc.).	Définir des montants « raisonnables » pour les différentes aides sociales (formation, prime de retour à l'emploi, allocation temporaire de compensation salariale, etc.).
Période d'accompagnement	Obtenir la durée maximum légale de congé de reclassement, voire du temps supplémentaire en amont du congé de reclassement.	Définir une période de temps adaptée de l'accompagnement pour le retour à l'emploi.
Critères de licenciement	Privilégier les critères sociaux (charges de famille, parents isolés, personnes âgées).	Privilégier les critères professionnels (expérience, compétences, ancienneté) pour favoriser la pérennité de la société.

Synthèse de l'argumentation dans la négociation du L3

La construction d'un rapport de forces débouchant sur la gestion d'un conflit est une étape souvent impossible à éviter.

La gestion des conflits sociaux

Différents outils permettent de prévenir, d'anticiper et de gérer au mieux les conflits survenant dans le cadre d'un PSE. À nouveau, la gestion de la communication par les différentes parties constitue l'une des clés dans l'émergence et la gestion de ces conflits. En effet, l'organisation d'un conflit nécessite que les RP obtiennent une forte implication du personnel.

Réaliser un guide de gestion de crise

Cela permet de mieux anticiper et de gérer les crises le jour venu. Cet outil doit faire l'objet d'une construction collective par le management et sa mise à jour régulière doit être assurée.

Circuits d'information	Les circuits d'information doivent être formalisés de façon très précise afin de démultiplier l'information le plus rapidement et le plus efficacement possible.
Coordonnées des personnes à contacter	Coordonnées (professionnelles et personnelles) des membres du comité de direction et/ou des membres clés du management Coordonnées (professionnelles et personnelles) des membres de la direction générale (dans un groupe ou une entreprise multi-sites) Coordonnées des services d'urgence Coordonnées des cadres, personnes clés, etc. Coordonnées des interlocuteurs externes (administration, médias, etc.).
Procédure	Pour chaque situation de crise (grève, incendie, séquestration, attentat, etc.), ce manuel doit indiquer le processus à suivre (personnes à prévenir, lieux où se rendre, communication avec le personnel).
Plans des bâtiments	Utiles non seulement en cas de blocage, mais aussi en situation d'urgence de type incendie (avec l'indication de l'emplacement d'éventuelles matières dangereuses).
Liste des fournitures nécessaires	Listing de l'ensemble du personnel Jeux d'enveloppes et d'étiquettes Papier à en-tête de la société Annuaires téléphoniques Organigrammes Chéquier Tampons d'authentification de la société Fournitures diverses Avis pour envois en recommandé Modèle de demande d'audience en référé et d'ordonnance de requête Liste par service du personnel pour pointage (grévistes et non grévistes) Matériel informatique connectable au réseau (ordinateur, imprimante et papier, nécessaire pour la connexion)
Lieu de repli	En cas de blocage de l'établissement, définir un lieu de rendez-vous à l'extérieur de l'entreprise.

Structure d'un manuel de gestion de crise

Les manuels de gestion de crise sont par nature extrêmement confidentiels : ils doivent être numérotés et transmis à un cercle restreint de personnes de confiance, ce qui peut faire l'objet d'une clause de confidentialité particulière.

Établir une cartographie du climat social

La construction avec le management d'une cartographie du climat social à partir de l'état d'esprit (supposé) du personnel favorise une meilleure prévention et gestion du conflit.

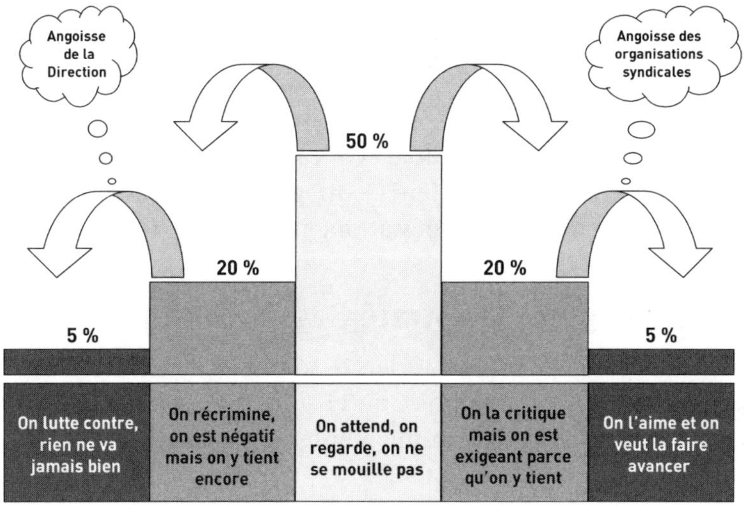

Cartographie du climat social © Claude Fruchart

Pour cela, il est nécessaire d'identifier les « personnes clés ». En effet, il existe dans toutes les organisations des personnes exerçant naturellement une influence sur leur entourage sans être mentionnées dans les organigrammes.

Le DRH peut animer l'équipe de direction afin d'établir cette cartographie, permettant ainsi l'identification des leaders d'opinion qui représentent une minorité de personnes dans l'entreprise. Afin de canaliser au mieux ces derniers au sein de l'entreprise, il est parfois préférable d'isoler les personnes fermement opposées au projet en les faisant bénéficier en priorité de mesures de repositionnement (en mobilité interne ou externe). On peut aussi essayer de les faire changer d'avis,

Influence sur les salariés

Opinion sur le projet	Forte	Faible
Positive	☺ SPONSOR Leader d'opinion écouté et reconnu, adhérant au projet, dont l'opinion est peu perméable avec une influence positive sur ses collègues	😐 PASSIF Résigné à la situation, période de deuil plus rapide, néanmoins encore perméable aux opinions d'autrui
Négative	☹ OPPOSANT Leader d'opinion écouté et reconnu, hostile au projet, dont l'opinion est peu perméable avec une influence négative sur ses collègues	😐 PESSIMISTE Non-acceptation de la situation, période de deuil plus longue, extrêmement perméable aux opinions négatives

Cartographie des leaders d'opinion

mais le taux de succès reste faible ! Or, ce sont ces salariés qui peuvent potentiellement entraîner leurs collègues dans des mouvements sociaux (arrêt de travail, manifestation, grève, etc.).

Identifier et gérer les stratégies de conflit

Les RP disposent de différents leviers et stratégies de conflit afin de faire pression sur la direction pour qu'elle modifie son projet, qu'elle « lâche » financièrement pour augmenter le montant des indemnités, voire obtenir l'annulation du PSE.

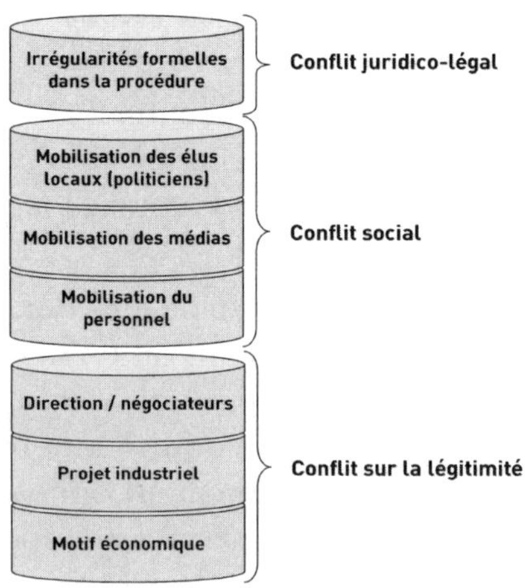

Les différentes stratégies de conflit

Conflit sur la légitimité du projet

La légitimité (du projet, du motif économique ou des négociateurs) représente le premier champ de conflit possible. Si celle du PSE, et donc du motif économique, est remise en cause, la probabilité que le projet soit porté au TGI local est élevée ! Les RP doivent alors démontrer que le motif ne repose sur aucun autre fondement économique que la seule augmentation de la rentabilité de l'entreprise. Dans certains cas, des plans sociaux ont pu être annulés par la cour d'appel, y compris plusieurs années après la fermeture d'un établissement où toute réintégration de personnel était donc impossible ! Bien que ce soit plus rare, la légitimité même des négociateurs ou de la direction locale peut être remise en cause (historique interpersonnel et crédibilité de la direction).

Conflit social

La perturbation du fonctionnement normal de l'entreprise constitue un moyen de pression puissant, car il engendre des coûts importants liés à la non-livraison des clients. Il s'exprime progressivement : menaces, puis débrayages (arrêt de travail de courte durée), voire grèves (arrêts de travail de plus ou moins longue durée). Cependant, le déclenchement d'un conflit social n'est pas un moyen facile à mettre en œuvre, car il nécessite une forte adhésion et une implication directe des salariés. Or, ceux-ci peuvent être réfractaires à cette démarche, craignant de se faire remarquer, avec pour répercussion leur inscription sur la liste des personnes à licencier. Ce type de conflit a un impact direct sur les résultats de l'entreprise ainsi que sur son image. La médiatisation du conflit s'applique principalement aux entreprises à forte notoriété. Il est cependant assez rare que les effets médiatiques aient un impact sur le déroulement des procédures. Néanmoins, les entreprises ciblant le grand public comme clients y sont particulièrement sensibles (risque de boycott avec une chute des ventes, etc.).

Conflit juridico-légal

Lorsqu'il ne porte pas sur le motif économique et la légitimité du PSE, le conflit juridico-légal peut néanmoins constituer un levier des OS pour essayer de retarder le rythme de mise en œuvre. En effet, étant donné la complexité des procédures sociales, il est difficile pour l'employeur de ne pas commettre un ou plusieurs écarts à la législation.

Ceux-ci peuvent être exploités par les RP et les OS afin de créer des irrégularités de procédure qui sont portées devant le tribunal et peuvent obliger l'employeur à recommencer certaines procédures du PSE. Il est donc primordial d'être exemplaire dans la gestion du déroulement de ces dernières.

Les différentes stratégies de conflit sont souvent liées. Lorsque le motif économique est insuffisamment travaillé et communiqué, les salariés ne savent pas et ne comprennent pas ce qui va se passer ni ce qui va leur arriver. Cette absence de considération engendre le déclenchement de grèves et de revendications financières quand le projet n'est pas porté devant le tribunal. Or, les conséquences des conflits prolongés sont négatives pour tous. En effet, si la stratégie consiste à gagner du temps, les différents acteurs sont bien conscients qu'il sera difficile d'arrêter définitivement le processus en cours et que les PSE sont presque toujours mis en œuvre, quoi qu'il arrive. Non seulement ces retards coûtent cher aux sociétés, mais ils peuvent aussi les fragiliser davantage avec des conséquences négatives lorsque celles-ci tentent de s'adapter et de redémarrer.

Pendant le conflit...

Une fois le conflit déclenché, il est nécessaire d'informer l'ensemble des membres du management et de la direction générale, comme cela a été défini dans le manuel de gestion de crise. Les actions présentées ci-après peuvent alors être mises en œuvre.

L'encadrement doit être mobilisé dans la gestion de cette crise, en particulier dans la communication auprès du personnel (les grévistes et les non-grévistes qui attendent des instructions dans cette situation compliquée pour eux vis-à-vis de leurs collègues). L'environnement de l'établissement doit bien sûr être pris en compte. Une fois que le conflit éclate, un des premiers enjeux consiste à arriver à contenir celui-ci au sein de l'établissement. Cependant, les conflits peuvent se développer dans le cadre du bassin d'emploi local et devenir ainsi le symbole de situations locales difficiles sur lequel peuvent se cristalliser les craintes et les angoisses au sein de la région.

CONSEIL

Les actions clés pendant le conflit

Il faut :

- gérer la communication avec les acteurs locaux (Inspection du travail, interlocuteurs à la mairie et/ou à la préfecture) et informer régulièrement les RG ;
- organiser la notification officielle de l'occupation des locaux par un huissier de justice pour des raisons légales et pour adoucir l'impact psychologique sur le personnel en grève ; lors du tour de l'établissement pour procéder à la notification, il est impératif de faire accompagner l'huissier par un ou plusieurs membres de l'encadrement ;
- gérer la communication avec les médias ; l'interlocuteur identifié doit libérer du temps afin de gérer la presse écrite, parlée et télévisée ;
- comptabiliser le personnel gréviste pour mesurer le taux de participation (représentativité du mouvement social) et pour informer le service paie des saisies sur salaire à effectuer.

Le bon comportement

Dans la gestion du conflit, la personnalité et les compétences comportementales du négociateur de la direction seront véritablement déterminantes. Ces différentes qualités peuvent se traduire ainsi :

- gestion de ses propres émotions favorisant l'apaisement de situations conflictuelles ;
- forte capacité d'empathie et sens de l'écoute très développé ;
- solide affirmation de soi face un mode de communication agressif et… du courage ;
- capacité de prise de distance face à l'agressivité et expression canalisée de sa charge émotionnelle (savoir différencier son rôle et sa personne) ;
- intelligence émotionnelle et situationnelle (savoir alterner empathie et affirmation de soi) ;
- capacité à amorcer le dialogue et à recréer un climat de confiance qui va favoriser la reprise des discussions.

Ces compétences relèvent du leadership des dirigeants et donc de la sélection des représentants de la direction qui vont gérer le PSE ou le conflit le cas échéant. De plus, la communication ne doit pas être uniquement focalisée sur l'instigateur du conflit, mais bien l'ensemble des représentants du personnel et des organisations syndicales. En effet, les voies de sortie du conflit se dessineront avec l'ensemble des acteurs.

En cas de durcissement du conflit

Dans les situations les plus excessives (heureusement rares), les forces de l'ordre peuvent intervenir (décision à prendre en concertation avec les autorités locales). Cette mesure doit cependant rester un ultime recours, car elle provoque généralement un accroissement de la tension entre les protagonistes. Ainsi, il y a quelque temps, un conflit a démarré sur un site de production (jets de projectile sur les CRS, palettes en feu, etc.) pour se poursuivre en centre-ville, où les gendarmes mobiles ont finalement utilisé les gaz lacrymogènes. C'est donc à la direction de mesurer le niveau de risques dans sa prise de décision. Les séquestrations sont devenues rares également, mais demeurent un risque à évaluer.

CONSEIL

Comment gérer une séquestration ?

Il convient de :

- informer la famille de la personne séquestrée, la direction générale et les organisations patronales professionnelles (UIMM[20], etc.) ;
- réaliser un constat d'huissier ;
- prévenir les RP qu'il y a infraction pénale prévue aux articles L.342-42 et L.342-44 du Code pénal : en raison de la situation, tout dirigeant ou cadre est automatiquement dépourvu de tous les pouvoirs de négociation ou de décision, suivant les articles 1111 et 1 112 du Code civil et/ou ce qu'il pourrait dire est sans effet, compte tenu de la contrainte morale et physique ;
- demander l'intervention (dans l'ordre) du préfet, du maire, du procureur de la République ou du substitut puis du sous-préfet.

20. Union des industries et métiers de la métallurgie.

Enfin, si la séquestration se poursuit, il faut :

- **réaliser un constat d'huissier ;**
- **introduire, par le biais d'un avocat, une ordonnance de requête auprès du TGI (dépôt au nom du P-DG de la société, sans nécessité de pouvoir).**

Le conflit doit être géré et canalisé au mieux avec un seul objectif à l'esprit : renouer le dialogue entre les différentes parties.

Gérer la sortie de crise

On ne négocie pas sous la menace ! L'arrêt du conflit est une condition qui doit être posée comme un prérequis à toute reprise des négociations par la direction. Les modalités de cet arrêt doivent en revanche être négociées.

L'enjeu pour arrêter le conflit consiste alors à identifier un motif légitime de sortie de crise pour les différentes parties. En effet, à ce niveau d'impasse dans les négociations, une solution honorable doit être identifiée pour les différentes parties qui ne souhaitent ni ne doivent perdre la face. Une fois de nouveau réunies autour de la table des négociations, elles ont pour objectif de se focaliser sur les modalités d'un retour aux conditions de fonctionnement antérieures au conflit. La négociation peut ainsi s'effectuer autour d'un protocole de « reprise d'activité » ou « de fin de conflit », objet de la signature d'un accord pour contractualiser l'arrêt des « hostilités » entre les parties. L'expression du rapport de force est alors terminée, ce qui constitue souvent une opportunité pour tenter de finaliser les négociations en cours. Une stratégie consiste à proposer une négociation continue jusqu'à ce qu'un accord soit trouvé, ce qui s'avère un véritable test d'endurance pour les négociateurs.

CONSEIL

Comment communiquer après le conflit ?

La communication au personnel doit valoriser le courage démontré dans la lutte pour défendre son emploi, puis souligner la nécessité de transférer cette énergie dans la détermination à retrouver une solution professionnelle.

C'est une étape clé d'acceptation du changement : faire le deuil du passé et préparer l'avenir en se consacrant à l'identification de solutions. Enfin, une fois que les salariés ont repris le travail, la gestion des heures de grève peut se transformer en une revendication supplémentaire, ce qui constitue un nouveau levier de négociation.

Le conflit social : un « mal nécessaire »

Il ne faut ni redouter ni avoir peur du conflit social : il s'agit de l'expression collective verbale et comportementale d'un malaise intériorisé en réaction à l'annonce de suppressions d'emploi. Cette expression s'apparente à une soupape de sécurité saine et nécessaire pour libérer et verbaliser la tension et l'agressivité liées à la digestion du choc de l'annonce. De plus, la construction d'un rapport de forces comme effet de levier sur les négociations en cours constitue le moyen classique pour faire pression sur la direction. L'obtention de revendications sous forme de victoire contre la direction favorise pour les OS la valorisation de leurs actions. En revanche, le conflit social représente un risque réel pour l'entreprise lorsque les conditions évoquées précédemment n'ont pas été respectées. Dans ce cas, la revendication pécuniaire n'est qu'un masque qui cache la réalité dans l'immense majorité des cas. C'est cette vraie revendication que le management doit découvrir. Pour cela, il faut presque toujours aller chercher du côté de la communication, de la considération et du respect. Le prolongement d'un conflit n'est alors sain pour aucune des parties et risque d'installer certains salariés dans des positions de victime vis-à-vis de l'employeur et de retarder le travail de deuil indispensable pour passer à l'étape de reconstruction.

À RETENIR

- La construction de relations solides et durables avec les parties prenantes internes et externes constitue un préalable indispensable à la mise en œuvre d'un PSE.
- Les deux parties en charge de la négociation sont souvent tout autant dépourvues d'expérience dans la mise en œuvre d'un PSE.
- Il est indispensable que la direction s'approprie le reclassement du personnel.
- La mise en œuvre d'un accord de méthode permet d'organiser et de sécuriser la négociation du PSE.
- Les moyens financiers doivent porter sur le dispositif de retour à l'emploi des salariés et non sur le montant des indemnités.
- Différents outils (manuel de gestion de crise, cartographie du climat social) permettent d'anticiper et de mieux gérer les conflits sociaux.
- La revendication pécuniaire masque souvent les véritables demandes à l'origine du conflit.
- Les compétences comportementales des négociateurs de la direction sont un facteur clé de succès.
- L'arrêt du conflit est un préalable à toute reprise des négociations.

partie

4

Appliquer et piloter un PSE

« La meilleure aide sociale jamais fournie, c'est un travail. »

Bill Clinton

8

Mettre en œuvre les mesures sociales d'accompagnement

La direction de l'entreprise a une obligation de reclassement vis-à-vis des salariés : elle doit identifier et proposer une solution d'accompagnement adaptée à chacun. En fonction du nombre de postes supprimés, les problématiques de gestion sont différentes.

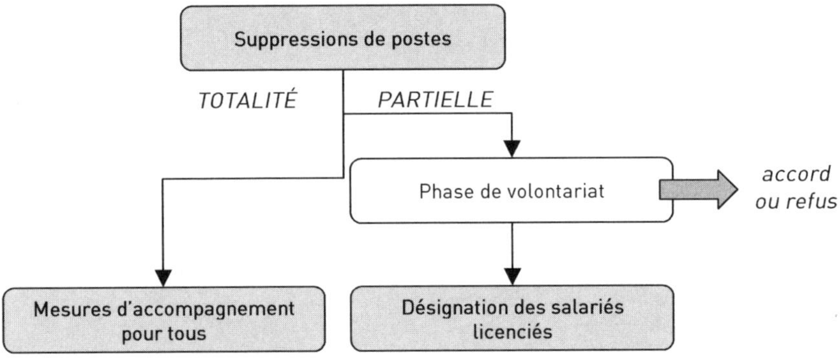

Les deux principaux schémas de licenciements collectifs

Dans le cas d'une suppression partielle des postes de travail, de nombreuses problématiques se posent : identifier les services concernés, désigner les salariés à licencier, éviter le départ des plus performants, etc. L'employeur doit alors appliquer des critères sociaux définis dans les conventions collectives ou par accord collectif. À défaut, l'entreprise définit elle-même ces critères (possible champ de négociation du L3).

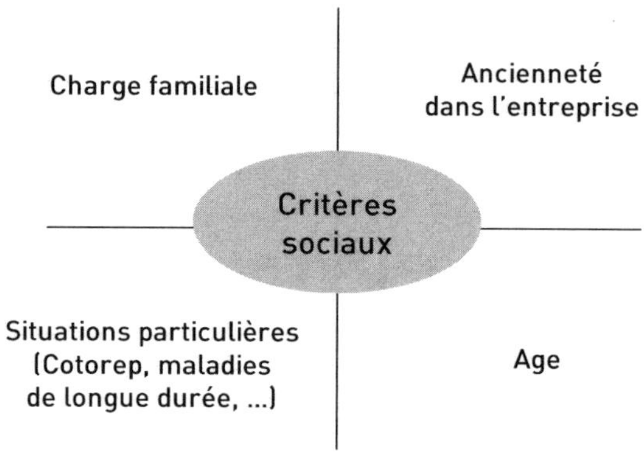

Les quatre types de critères sociaux

Ces critères permettent de calculer un nombre de points pour chaque salarié, en fonction desquels la direction désigne les salariés susceptibles d'être licenciés. Plus le salarié totalise de points, plus le risque d'être touché par le licenciement diminue.

Chargé de famille (personnes à charge)	**0 à 5**
0	0
1	1
2	2
3	3
4	4
Famille monoparentale	1
Âge	**0 à 15**
< 30 ans	0
30 à 34 ans	1
35 à 39 ans	2

.../...

40 à 44 ans	3
45 à 49 ans	4
> 50 ans	15
Ancienneté	**0 à 5**
de 0 à 10 ans	0
de 11 à 15 ans	1
de 16 à 20 ans	2
de 21 à 25 ans	3
de 26 à 30 ans	4
> 30 ans	5
Situations particulières	**5**
Incapacité permanente partielle de plus de 10 %	5
Titulaire d'une pension d'invalidité de la sécurité sociale	5
Travailleur handicapé reconnu Cotorep	5

Exemple de tableau d'application des critères sociaux

Cependant, l'entreprise doit continuer de fonctionner. C'est pourquoi des critères professionnels viennent contrebalancer les critères sociaux afin de préserver les compétences nécessaires au bon fonctionnement de l'entreprise.

Critères professionnels	Élevé	Moyen	Faible
Niveau de maîtrise de la fonction	2	1	0
Potentiel d'évolution	2	1	0
Degré de polyvalence	2	1	0
Assiduité	2	1	0

Exemple d'application des critères professionnels

Les différents motifs d'absence (maladie, congé maternité, accident du travail, etc.) ne doivent pas être pris en compte pour désigner les futurs licenciés. Une fois les salariés à congédier identifiés par l'application des critères sociaux et professionnels, la direction peut recourir à différentes mesures sociales afin de proposer des solutions.

Projet personnel	Transactions et rupture d'un commun accord	Gestion du volontariat	Accompagnement du retour au pays	Indemnité de concrétisation rapide	
Mobilité interne	Frais de recherche d'emploi	Accord / Mesures de mobilité interne	Indemnité de concrétisation rapide		
Retraites Préretraites	Contribution Delalande	Convention AS-FNE	Loi Fillon	Départ / Mise à la retraite	
Formation professionnelle	Formation de reconversion	Formation d'adaptation	Formation de gestion d'activité	DIF	
Mobilité externe	Frais de recherche d'emploi	Détachement	Suspension du congé de reclassement	Prime à l'embauche	Indemnité de concrétisation rapide
Création et reprise d'activité	Indemnité d'aide à la création d'activité	Indemnité d'aide à la reprise d'activité	Conseil économique et juridique	Indemnité de concrétisation rapide	
Aide post-reclassement	Allocation Temporaire Dégressive (ATD)	Protection sociale prolongée			

Typologie des mesures sociales d'un PSE

Les mesures destinées à limiter le nombre de licenciements

Accompagner les salariés âgés

Le principe est de permettre aux salariés les plus avancés dans leur carrière de quitter la vie active.

La convention AS-FNE (Allocations spéciales du fonds national pour l'emploi)

Toute entreprise engagée dans un PSE peut conclure une convention de préretraite licenciement avec la DDTEFP. Cette convention a deux objectifs :

- permettre le retrait d'activité de salariés âgés de 57 ans, licenciés pour motif économique et non aptes à bénéficier de mesures de reclassement ;
- poursuivre la cotisation des trimestres au régime général vieillesse jusqu'à liquidation des droits à la retraite (65 ans maximum).

CONSEIL

Quels salariés sont éligibles à une convention AS-FNE ?

Afin d'être éligibles, les salariés doivent répondre aux conditions suivantes :

- être âgé d'au moins 57 ans ou par dérogation de 56 ans ; l'âge requis doit être atteint avant la fin du préavis ;
- avoir appartenu pendant dix ans à un ou à plusieurs régimes de sécurité sociale, au titre d'emploi salarié ;
- justifier avant le terme du préavis de douze mois d'ancienneté continue au sein de l'entreprise signataire de la convention ;
- ne pas être chômeur saisonnier ;
- ne pas être éligible à une pension vieillesse pour inaptitude au travail ;
- ne plus exercer d'activité professionnelle ;
- adhérer à la convention avant la fin du préavis sur la base du volontariat ;
- ne pas réunir les conditions nécessaires à la validation d'une retraite à taux plein[21].

L'employeur participe au financement de l'allocation d'AS-FNE à hauteur d'un taux fixé avec la DDTEFP en fonction de la taille de l'entreprise, de sa situation financière et de la qualité de son PSE.

21. Pour les salariés ayant cotisé quarante annuités avant d'atteindre l'âge de 60 ans.

	Entreprise de moins de 500 salariés n'appartenant pas à un groupe	Entreprise de plus de 500 salariés appartenant à un groupe	Entreprise de plus de 2 000 salariés
Salariés ayant au moins 57 ans	22,5 %	38 %	48 %
Salariés ayant moins de 57 ans (âge dérogatoire)	30,5 %	46 %	56 %

Taux moyens de participation de l'employeur

La contribution de l'entreprise est calculée de la façon suivante[22].

En cas d'adhésion avant 60 ans : (*x* %) *x* (salaire journalier de référence) x (nombre de jours de prise en charge jusqu'à 60 ans + 365 jours).

Pour une adhésion après 60 ans : (*x* %) *x* (salaire journalier de référence) x 455 jours.

Les salariés adhérant à ce dispositif ne perçoivent que les indemnités légales de licenciement, mais bénéficient d'une retraite à taux plein dès qu'ils peuvent faire valoir leurs droits à la Caisse régionale de l'assurance maladie (CRAM). La participation de l'État peut aller jusqu'à 50 % dans le cadre des Antennes emploi et jusqu'à 100 % dans les entreprises en redressement, en liquidation judiciaire ou en dépôt de bilan[23]. Pour ces dernières, la DDTEFP met en œuvre une convention FNE Cellule de reclassement.

La loi Fillon

Elle permet aux salariés ayant commencé leur carrière professionnelle très tôt de pouvoir bénéficier d'une retraite à taux plein avant 60 ans. Certains salariés sont susceptibles d'être éligibles aux dispositifs de cette loi[24]. La CRAM leur délivre alors les documents officiels. Si cette

22. Taux en 2007.
23. Source : ministère de l'Emploi, de la Cohésion sociale et du Logement.
24. Loi du 21 août 2003 et son décret d'application du 30 octobre 2003 relatifs aux départs anticipés en retraite.

mesure ne permet pas le bénéfice des autres mesures d'accompagnement social, l'entreprise peut cependant verser une prime de départ en complément.

Les départs à la retraite

Les salariés pouvant liquider leurs droits à la retraite doivent justifier de leurs trimestres validés et/ou cotisés au titre du régime de base d'assurance vieillesse. Ils doivent également fournir les documents quant à leur situation au titre du régime de retraite complémentaire. L'entreprise peut verser les indemnités de départ à la retraite en cas de cessation d'activité.

La loi Delalande

Bien que de nature différente, car non initiée par l'entreprise, la contribution Delalande constitue une contrainte légale qu'il est nécessaire de citer. En effet, il s'agit d'une pénalité financière destinée à protéger du licenciement les salariés de 50 ans et plus. Cette pénalité varie en fonction de l'âge du salarié licencié et de la taille de l'entreprise[25].

Âge du salarié	Contribution (salaire brut)
50 ou 51 ans	1 mois
52 ou 53 ans	2 mois
54 ans	4 mois
55 ans	5 mois
56 ans et plus	6 mois

Montant de la contribution pour les entreprises de plus de cinquante salariés

Âge du salarié	Contribution (salaire brut)
50 ans	2 mois
51 ans	3 mois
52 ans	5 mois

.../...

25. Barème en 2007.

53 ans	6 mois
54 ans	8 mois
55 ans	10 mois
56 et 57 ans	12 mois
58 ans	10 mois
59 ans et plus	8 mois

Montant de la contribution pour les entreprises de moins de cinquante salariés

Toute rupture du contrat de travail d'un salarié de plus de 50 ans entraîne l'obligation pour l'employeur de verser à l'Assédic une cotisation variable selon l'âge du salarié, hors cas spécifiques[26]. L'adhésion au dispositif de Convention de reclassement personnalisée (CRP) n'est plus exonératoire du paiement de la contribution Delalande. Cependant, le montant de la cotisation peut être modulé selon la participation financière de l'entreprise au financement de la CRP[27].

Mesure	Objectif
Convention FNE	Permettre aux salariés âgés d'au moins 57 ans d'arrêter de travailler et de percevoir un salaire jusqu'à liquidation des droits à la retraite.
Loi Fillon	Permettre aux salariés ayant commencé leur carrière très jeune de bénéficier d'une retraite à taux plein avant 60 ans.
Départ/mise à la retraite	Accompagner financièrement un départ à la retraite s'il évite un licenciement.
Loi Delalande	Limiter les licenciements contraints des salariés de 50 ans et plus.

Principales mesures d'âge

Les mesures présentées dans les prochaines pages permettent aux salariés de demeurer actifs.

26. Code du travail, art. L.321-13
27. L'employeur participe au financement de la CRP en versant à l'Assédic une contribution financière correspondant à deux mois de salaire chargé (soumis à cotisations sociales) pour chaque salarié et au montant de l'allocation de formation acquise au titre du DIF.

La mobilité interne dans le cadre du PSE

Au cours d'un PSE, la mise en œuvre du reclassement interne est obligatoire. Les postes en France doivent demeurer vacants jusqu'à la fin des procédures de consultation et de reclassement.

Postes	Candidats Prioritaires
Au sein de l'entreprise	Les salariés touchés
En France ou à l'étranger	Les salariés d'autres entités juridiques françaises
Correspondant aux CSP impactées	Les salariés des entités juridiques étrangères

Caractéristiques des postes proposés en interne

Les critères de licenciement s'appliquent s'il y a lieu de départager plusieurs salariés candidats à un même poste. L'entreprise doit démontrer auprès des partenaires sociaux et des pouvoirs publics que tout est mis en œuvre pour réussir la mobilité interne. Par conséquent, des aides et des indemnités supplémentaires peuvent être mises en œuvre pendant cette période pour faire de la mobilité interne un levier de reclassement. Les principales mesures de mobilité interne ont déjà été décrites dans le cadre de la GPEC. La mesure suivante, elle, peut s'inscrire dans le cadre d'un PSE.

L'indemnité de déclassement

Si le reclassement a pour effet d'entraîner une perte de salaire, l'entreprise peut limiter ce préjudice. Tout salarié déclassé doit bénéficier du maintien de sa qualification, à compter de son reclassement, et d'une indemnité de déclassement[28] : soit *x* % de la différence entre le salaire antérieur et le salaire de la nouvelle fonction pendant *x* mois. Cette indemnité de déclassement est définie et échelonnée dans le temps selon des règles définies dans le L3. Le salaire pris en considération pour calculer cette différence est la rémunération mensuelle brute moyenne versée au cours des douze derniers mois précédents le reclassement interne.

28. L'indemnité de déclassement peut être soumise à une ancienneté minimale.

Avantages et inconvénients de la mobilité interne dans un PSE

Avantages	Inconvénients
Permet d'éviter les licenciements.	Nécessite une définition précise des conditions de gestion de la mobilité, ce qui passe souvent par la négociation spécifique d'un accord de mobilité interne.
Favorise le développement de carrière et la diversité du personnel.	Réduit l'autonomie de l'entreprise accueillante dans ses recrutements et ses choix.
Met en œuvre une impulsion positive à l'amorce du PSE.	Est consommateur de temps (plusieurs mois).
Fait l'objet d'une communication sociale positive pour l'entreprise.	Nécessite la mise en œuvre d'une culture de mobilité interne.
Limite les coûts des indemnités de licenciement.	Entraîne la perte des indemnités de licenciement pour le salarié.

Avantages et inconvénients de la mobilité interne

Favoriser le passage à temps partiel

Cette mesure s'applique aux CSP concernées par la réorganisation pour les salariés dont le poste n'est pas supprimé. Basé sur le volontariat, l'objectif du passage à temps partiel est de sauvegarder des emplois. Il peut s'effectuer sur une base hebdomadaire, mensuelle ou annuelle, durant une période définie dans le L3 (généralement deux ans). L'organisation du temps de travail s'effectuera selon :

- la fonction du salarié volontaire au passage à temps partiel ;
- les besoins et les nécessités de service des activités conservées.

Les modalités de sauvegarde des emplois doivent être définies : par exemple, deux temps partiels à mi-temps ou trois temps partiels dont la réduction est égale à 2/5e équivalent à un temps plein. L'employeur peut mettre en place une allocation temporaire dégressive (ATD) pour atténuer l'effort financier du passage à temps partiel. À l'issue de la durée prévue initialement pour le passage à temps partiel, le salarié peut reprendre une activité à temps plein ou prolonger son contrat à temps partiel. Si l'entreprise doit à nouveau procéder à des suppressions de postes pour motif économique dans une période succédant au PSE, elle doit calculer le montant des indemnités de préavis et de départ sur la base d'un temps plein. Les conditions d'un passage à temps partiel nécessitent :

- une demande écrite du salarié ;
- la durée du passage à temps partiel défini dans le L3 ;
- l'accord des responsables hiérarchiques et de la DRH pour s'assurer de la compatibilité de la demande avec l'organisation du travail.

Mettre en œuvre le volontariat

Pour limiter les conséquences sociales de la réorganisation, l'entreprise peut ouvrir préalablement aux notifications de licenciement une phase de volontariat visant à favoriser le reclassement des salariés sans licenciement contraint.

Entreprise	Salarié
Réduire, voire éviter les licenciements contraints.	Concrétiser un projet professionnel avec un accompagnement éventuel.
Limiter la dégradation du climat social.	Bénéficier d'indemnités souvent très incitatives.
Faciliter la communication externe en valorisant l'absence ou le faible nombre de licenciements contraints.	Bénéficier des avantages d'un congé de reclassement (CR).

Avantages liés au volontariat

La direction a la responsabilité d'accepter ou de refuser la demande de départ volontaire. Notons que lorsque les mesures sont très incitatives, le nombre de demandes de départs volontaires est généralement supérieur au nombre de postes supprimés. Différentes mesures peuvent favoriser les candidatures au volontariat.

Mesure	Objectif
Le CR	Accompagner financièrement le repositionnement professionnel en octroyant une rémunération pendant une période définie.
L'indemnité de départ anticipé	Compenser financièrement la perte des mesures d'accompagnement du CR.
Le congé sans solde	Faciliter la concrétisation du projet professionnel.

Principales mesures dans le cadre du volontariat

L'employeur peut proposer au salarié volontaire la possibilité d'adhérer à un CR pour finaliser son projet professionnel[29].

L'indemnité de départ anticipé

Cette indemnité présuppose que le salarié volontaire dispose d'une solution identifiée et que la demande de départ volontaire ait été acceptée par la direction. Celle-ci peut alors verser au salarié volontaire une indemnité qui compense financièrement les aides formalisées dans le L3.

Avant la notification de licenciement	La direction peut verser une indemnité équivalente aux sommes qu'il aurait perçues s'il avait adhéré au CR.
Avant la fin du préavis	La direction peut régler le solde du préavis, en plus du CR excédant le préavis.
Avant la fin du CR	La direction peut régler le solde du CR restant en cours.

Conditions de versement de l'indemnité de départ anticipé

29. Avec, le cas échéant, le bénéfice des mesures du congé de reclassement. La seule restriction au bénéfice des mesures du CR concerne les salariés étrangers pour lesquels a été signée une convention avec l'Office des migrations internationales (OMI), dont le rôle consiste notamment à organiser les flux migratoires d'entrée et à aider à la réinsertion des étrangers dans leur pays d'origine.

L'entreprise peut également allouer une prime pour concrétisation rapide du projet professionnel si elle ne met pas en place un CR ou n'en permet pas la capitalisation.

Le congé sans solde

Cette mesure optionnelle favorise une certaine flexibilité, à la fois pour la direction et pour le salarié concerné. En effet, elle permet à des salariés volontaires de bénéficier d'une période de suspension de leur contrat de travail pour mener à bien un projet personnel ou professionnel. Néanmoins, la direction peut refuser cette demande si l'intérêt de l'entreprise le justifie.

Période de mise en œuvre du congé sans solde	Les congés sans solde sont ouverts jusqu'à la fin de la période d'information et de consultation du CE dans le cadre des procédures L4 et L3.
Demande de congé sans solde	Tout salarié intéressé adresse une demande motivée par écrit, accompagnée de justificatifs (nouveau contrat de travail, formulaire d'inscription à une formation, etc.). Une réponse écrite de l'entreprise sera donnée au salarié et ce dans un délai défini par le PSE. Il appartient à l'entreprise de définir la durée minimale et maximale du congé sans solde, ainsi que son renouvellement.
Situation pendant le congé sans solde	La rémunération, les garanties sociales (santé, prévoyance, décès) sont suspendues.
Situation à l'issue du congé sans solde	À l'issue du congé sans solde, deux possibilités se présentent : - non concluant : le salarié réintègre immédiatement la société dans un emploi similaire à celui occupé avant son départ ; il doit faire connaître par écrit sa demande de réintégration ; les procédures du PSE continuent de s'appliquer ; - concluant : le salarié informe la société par écrit et demande en conséquence un départ volontaire pour bénéficier des indemnités mentionnées dans le PSE.

En tout état de cause, la notification du licenciement entraîne de plein droit la fin du congé sans solde et la rupture du contrat de travail. Cette procédure présente des avantages et des inconvénients.

Avantages	Inconvénients
Limitation des licenciements contraints	Le nombre de demandes de départ volontaire excède le nombre de postes supprimés par la réorganisation.
Communication sociale positive en interne et en externe	Départ potentiel des collaborateurs les plus efficaces
Bonne relation avec la DDTEFP	Gestion des démissions sur des postes et perte des compétences clés suite au refus d'accéder à la demande du salarié
Non-dégradation du climat social après la fin de la procédure, lorsqu'il y a autant de départs volontaires que de postes supprimés	Gestion de la démotivation et de la frustration de certains salariés qui, ayant vu leur demande de départ refusée, restent dans l'entreprise.

Avantages et inconvénients du volontariat

De plus en plus, la tendance est à la promotion des départs volontaires facilités par le montant des indemnités de licenciement et la mise en place d'un CR allant jusqu'à neuf mois dans les cas les plus favorables.

Les mesures destinées à favoriser les reclassements externes

La CRP et le congé de reclassement (CR)

L'employeur doit obligatoirement présenter ces deux dispositifs aux salariés concernés par un licenciement pour motif économique.

	CRP Dispositif public	CR Dispositif privé
Entreprise concernée	Effectif inférieur à 1 000 salariés ou en redressement ou en liquidation judiciaire.	Effectif supérieur ou égal à 1 000 salariés.
Proposition	À la fin de l'entretien individuel ou à l'issue des procédures du CE/CCE.	Dans le courrier de notification mentionnant qu'en cas de refus, il est possible d'adhérer au pré-PARE.
Obligations de l'employeur	Versement à l'Assédic de deux mois d'indemnité de préavis intégrant l'ensemble des charges sociales et l'allocation du DIF Demande d'allocations à l'Assédic et communication des noms et des coordonnées postales des intéressés.	À l'issue de la période de préavis du licenciement, remise des indemnités de licenciement, du solde de tout compte, du certificat employeur et de l'attestation Assédic.
Conditions d'adhésion	Avoir au moins deux ans d'ancienneté. Être apte à exercer un emploi. N'avoir aucune activité professionnelle rémunérée et ne pas être éligible à un revenu de remplacement versé jusqu'à l'âge de liquidation de la retraite à taux plein.	Être un salarié exerçant ou ayant exercé. Ne pas être en arrêt pour invalidité de travail. Ne pas pouvoir prétendre à la liquidation de la retraite à taux plein au moment de la notification ; interdiction d'exercer une activité rémunérée pendant.
Délai de réflexion	Quatorze jours ; l'absence de réponse est assimilée à un refus.	Huit jours ; l'absence de réponse est assimilée à un refus.
Obligations du salarié	Réaliser les actions définies avec le conseiller unique, sous réserve de diminution de l'allocation journalière.	Suivre toutes les actions nécessaires à son reclassement sous peine d'être exclu du CR.
Rupture du contrat de travail	À l'issue des quatorze jours	À la rupture du CR

.../...

Statut	Stagiaire de la formation professionnelle	Salarié d'entreprise
Préavis	Non payé	Payé non effectué, donnant lieu aux congés payés
Indemnisation	Durant huit mois maximum 80 % durant 91 jours et 70 % pour les jours restants	Préavis et 65 % du salaire brut pour les mois restants
Protection sociale	Bénéficiaire de la CMU	Maintien des prestations
Issue	Bénéfice de l'allocation de retour à l'emploi (ARE) dans la limite de ses droits	Inscription à l'Assédic et bénéficiaire de l'ARE

Présentation de la CRP

La non-présentation de la CRP est sanctionnée par le versement d'une contribution spéciale égale à deux mois de salaire. Pour les salariés protégés, le bulletin d'acceptation devra être envoyé dès la réception de la décision de l'autorité administrative. Si le salarié n'adhère pas, il demeure en préavis jusqu'au démarrage de la procédure de licenciement économique.

Quand proposer un CR ?

L'entreprise a l'obligation de le faire dès lors qu'elle remplit au moins une des conditions suivantes :

- avoir un effectif égal ou supérieur à mille salariés ;
- appartenir à un groupe dont le siège social est situé en France et astreint à l'obligation de mise en place d'un CG (art. L.439-1 du Code du travail) ;
- être soumise à l'obligation de constitution d'un CGE (art. L.439-6 du Code du travail).

Les entreprises non soumises à l'obligation de proposer un congé de reclassement aux salariés dont elles envisagent le licenciement économique sont en redressement ou en liquidation judiciaire, quel que soit leur effectif[30].

30. Ces entreprises doivent néanmoins proposer une CRP.

Modalités de mise en œuvre du CR

En cas d'acceptation, le CR débute à l'expiration du délai de réponse de huit jours. Le salarié est alors dispensé de toute activité professionnelle et son âge s'apprécie au terme du préavis. Il appartient à l'entreprise de décider si elle diffère la notification du salarié de quelques jours, pour qu'il puisse bénéficier d'un CR plus long.

La rémunération pendant le CR

Il s'agit de la rémunération brute de base à laquelle s'additionnent les primes d'équipe. En sont exclues les éventuelles primes de panier, de déplacement, les plus-values sur les stock-options, ainsi que les avantages en nature. Le montant de l'allocation ne peut être inférieur à 100 % du SMIC par le nombre d'heures correspondant à la durée collective du travail fixée dans l'entreprise. Cette allocation est assujettie à l'impôt sur le revenu et exonérée des cotisations sociales, à l'exception de la CSG et de la CRDS.

La protection sociale pendant le CR

L'entreprise peut s'engager, pendant le congé de reclassement et même au-delà, à assurer le maintien de la mutuelle, dans les mêmes conditions et selon la même répartition employeur/salarié que pendant la période d'activité. Cette mesure est valable jusqu'à la mise en œuvre d'une solution pendant la période de gestion du PSE. L'entreprise peut maintenir une protection sociale sur une période plus longue en fonction de l'âge.

Chaque entreprise, selon ses moyens financiers et sa stratégie sociale, peut mettre en œuvre l'un de ces deux dispositifs pour favoriser le reclassement externe.

PSE	PME/PMI	Groupe
Nature	Fermeture	Réorganisation
Objectif	Réduction des coûts	Paix sociale, image de l'entreprise
Échelle temporelle	Court terme/urgence	Moyen/long terme
Budget	Faibles moyens	Budgets importants
Mesures sociales	Minimum légal	Importantes

Comparatif des paramètres de PSE en fonction de la taille de l'entreprise

Les principales mesures sociales d'accompagnement

Celles-ci sont présentées dans le cadre d'un CR. Elles peuvent cependant s'inscrire avant toute notification de licenciement, par exemple lorsque l'employeur décide d'allouer aux salariés une période de temps supplémentaire pour favoriser le repositionnement professionnel (période de gestion de l'emploi).

Mesure	Objectif
Indemnité d'incitation au retour à l'emploi	Inciter financièrement la concrétisation rapide des projets professionnels et du retour à l'emploi.
Frais de recherche d'emploi	Prendre en charge les frais pour faciliter la recherche d'emploi.
Aide à l'embauche	Inciter financièrement les entreprises à recruter le personnel licencié.
Détachement	Faciliter les essais du personnel licencié en vue d'un recrutement.
Suspension du CR	Faciliter la mobilité professionnelle externe.
Formation	Adapter les compétences aux postes à pourvoir et accroître l'employabilité.
Allocation temporaire dégressive (ATD)	Compenser financièrement la perte de salaire entre l'ancien et le nouvel emploi.
Aides à la mobilité	Inciter financièrement à la mobilité vers un nouvel emploi.
Aides à la création/reprise d'entreprise	Accompagner et soutenir les projets.
Protection sociale	Garantir et maintenir les mêmes prestations sociales pendant la période précédant le repositionnement professionnel.
Aide au retour dans le pays d'origine	Soutenir financièrement le retour dans le pays d'origine.

Synthèse des différentes mesures du CR

Les indemnités d'incitation au retour à l'emploi

Pour accroître la motivation des salariés à retrouver dans les plus brefs délais une solution, l'entreprise peut verser une indemnité de concrétisation rapide de projet, calculée de manière dégressive en fonction du temps nécessaire au salarié pour identifier et concrétiser une solution professionnelle.

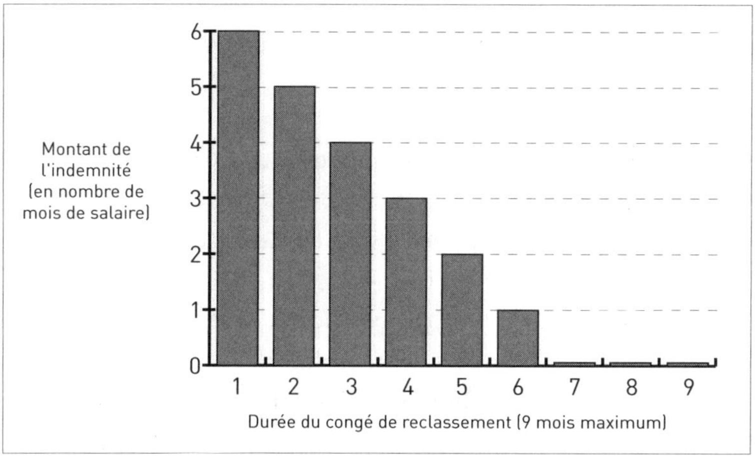

Exemple de dégressivité de l'indemnité de concrétisation rapide

Cette indemnité peut être une somme forfaitaire[31] ou encore une capitalisation sur le solde du CR. Les modalités de calcul ainsi que les montants de cette indemnité doivent être définis et négociés dans le L3.

Les frais de recherche d'emploi

Sur présentation de justificatifs, les frais de transport pour se rendre aux entretiens d'embauche sont remboursés. Cette mesure peut être prolongée si le salarié n'a pas bénéficié de la présentation d'offre(s) d'emploi par l'antenne emploi.

31. Soumise à la CSG et à la CRDS.

L'aide à l'embauche

Cette incitation financière est prévue pour une entreprise qui embauche en CDI un salarié licencié. Généralement, elle ne figure pas dans les mesures accompagnant les départs volontaires. Le montant de l'aide à l'embauche est défini en fonction de l'âge et/ou de l'ancienneté du salarié recruté ; de la reconnaissance COTOREP du salarié ; enfin de la localisation géographique de l'entreprise.

Le L3 précise les conditions de versement de cette prime qui s'applique aussi au salarié créateur d'entreprise qui embaucherait un salarié licencié.

Le détachement

L'entreprise propose au nouvel employeur un essai du salarié à titre gratuit :

- une convention de détachement sans but lucratif est signée entre les trois parties ;
- le salarié doit présenter une proposition d'embauche en CDI ou en CDD d'au moins six mois ;
- le détachement ne peut durer que le temps de la période d'essai du nouveau contrat de travail ;
- le terme de la période de détachement ne peut excéder le terme du CR ;
- le détachement peut être rompu à tout moment par chaque partie.

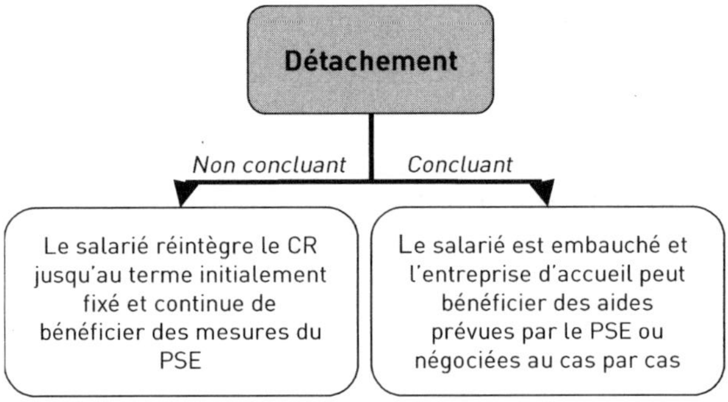

Issues du détachement

CONSEIL

Les avantages du détachement

Son principal attrait est d'offrir aux salariés une « flexi-sécurité » (période sécurisée offrant une flexibilité au salarié) pour se repositionner en entreprise et de façon pérenne. En effet, la personne détachée reste durant cette période salariée de son employeur d'origine et continue donc à percevoir la rémunération du CR. Pendant la période de détachement ou à son issue, le salarié peut demander la rupture de son contrat de travail et bénéficier ainsi des autres mesures d'aide à la prise d'emploi externe. Il appartient à l'entreprise d'autoriser le salarié à bénéficier d'un ou de plusieurs détachements.

La suspension du CR

Les salariés bénéficiant d'une proposition d'embauche en CDI ou en CDD de plusieurs mois ont la possibilité de demander une suspension de leur CR pour une durée équivalente à la période d'essai prévue dans leur nouveau contrat de travail. Pendant la période de suspension, le salarié ne perçoit plus de salaire de la société qui licencie et ne bénéficie plus des garanties sociales. La demande de suspension doit être écrite, comporter une copie du contrat de travail correspondant et parvenir à la société d'origine avant la date d'embauche. Le terme de la période de suspension ne peut dépasser celui du CR.

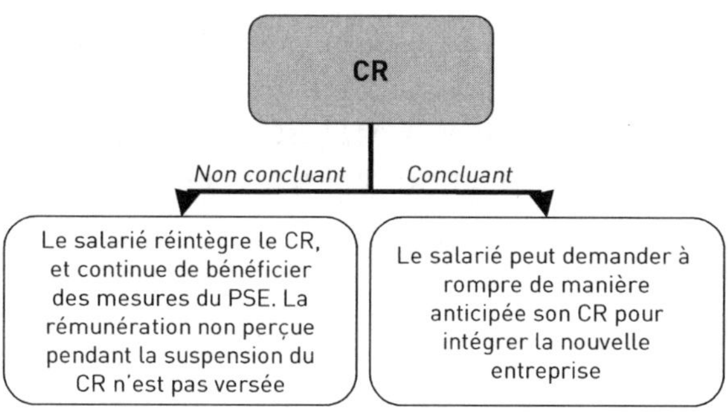

Issues de la suspension du CR

Il appartient à la direction d'autoriser une ou plusieurs suspensions pour un même CR et de donner son accord préalable avant toute suspension.

Les budgets dédiés à la formation

Les différents outils et mesures de formation et de développement des compétences sont décrits dans les pages sur la GPEC (voir p.81). Il existe cependant quelques spécificités dans les modalités de gestion liées à la mise en œuvre d'un PSE.

Avec la formation d'adaptation, l'entreprise peut prendre en charge des frais de formation d'adaptation à un poste mis en œuvre par un nouvel employeur, avec néanmoins certaines restrictions (intégration d'une entreprise concurrente, budgets définis dans le L3).

La formation à la gestion d'entreprise, elle, s'adresse aux salariés qui envisagent de créer ou de reprendre une activité. Dans ce cas, une formation à la gestion d'entreprise est obligatoire. La prise en charge s'effectue en fonction du budget défini dans le PSE.

Enfin, en cas de licenciement, les droits acquis au titre du DIF permettent de compléter la prise en charge totale ou partielle d'une action de formation, d'un bilan de compétences ou d'une VAE. Le salarié qui souhaite en bénéficier doit en faire la demande à la direction avant le terme du préavis. À défaut, le DIF ne sera pas dû.

L'ATD

Cette allocation est une compensation de la perte de revenus des salariés qui acceptent des emplois salariés moins bien rémunérés[32] que celui du poste qu'ils occupaient. L'ATD est valable pour les emplois des secteurs privé et public et il en existe deux types.

32. Cette mesure ne s'applique pas aux créateurs ou aux repreneurs d'entreprise.

ATD avec l'aide de l'État	ATD sans aide de l'État
La société peut solliciter auprès de la DDTEFP la conclusion d'une convention ATD dans le cadre du FNE. L'ATD garantit aux bénéficiaires une compensation totale ou partielle de l'écart entre le nouveau et l'ancien salaire pour une durée maximum de vingt-quatre mois. Pour les salariés de plus de 50 ans, le montant peut être supérieur. Le salaire de référence servant au calcul de l'ATD est le salaire net moyen des douze derniers mois, à l'exclusion des heures supplémentaires, des primes et des indemnités. Pour en bénéficier, le nouvel emploi doit être un CDI. Toutefois, si un CDD est transformé en CDI, le salarié reclassé peut demander le bénéfice de l'ATD s'il est toujours en vigueur. Il n'existe pas de condition d'ancienneté pour en bénéficier.	Il s'agit d'une indemnité de différentiel de rémunération, prévue par le PSE. La condition pour en bénéficier est d'adhérer au CR proposé par l'entreprise. Cette indemnité est valable pour tout reclassement sous contrat en CDI et/ou en CDD, avec une durée minimale précisée dans le L3. Cette allocation est souvent fixe et correspond à 100 % de la différence de salaire durant un nombre de mois à définir (généralement vingt-quatre) et dans la limite d'un plafond à fixer. Cette ATD est calculée à partir des nouveaux bulletins de salaire et versée au salarié, souvent en une fois, à l'issue de la période d'essai. Pour ne pas pénaliser le salarié, le salaire de référence servant au calcul de cette indemnité est le salaire net moyen des douze derniers mois, primes comprises.

Ces allocations sont soumises à cotisation pour la Sécurité Sociale et la retraite complémentaire, à la CSG et à la CRDS aux conditions en vigueur lors du versement et sont imposables.

CONSEIL

Comment verser l'ATD aux salariés ?

L'ATD est généralement distribuée en plusieurs mensualités selon la durée de prise en charge :

- six mois : un versement à six mois après la date de début du contrat de travail ;
- entre six mois et un an : deux versements maximum sur la base des six premiers bulletins de salaire ; le deuxième versement s'effectue au bout de douze mois et sur la base des douze premiers bulletins de salaire ;
- supérieure à un an : trois versements maximum.

En cas d'interruption du contrat de travail par le salarié au cours de la période de prise en charge de l'ATD par la convention, le versement de l'allocation se fait sur la base du temps réellement passé par le salarié en activité sous contrat de travail.

Reclassement externe et mobilité

Des mesures d'aide peuvent également être mises en œuvre pour un reclassement externe nécessitant un déménagement ou dont le trajet domicile/travail est largement supérieur à la distance parcourue précédemment.

En cas de déménagement	En cas d'accroissement du trajet
Lorsque le lieu géographique du nouvel emploi nécessite le déménagement du salarié, l'entreprise peut le prendre en charge selon le même processus que pour le déménagement en cas de mobilité interne. Mais elle peut également payer les frais de double résidence sur présentation des justificatifs, et ce dans un délai équivalent à la période d'essai. Une période maximale pendant laquelle le déménagement du salarié doit intervenir est définie dans le PSE.	Une compensation peut être mise en œuvre pour les salariés acceptant un reclassement en CDI ou en CDD entraînant des temps de trajet importants (par exemple seuil d'une heure ou supérieur à *x* kilomètres). L'entreprise compense ainsi le coût du déplacement en versant une indemnité de surcoût de transport.

Les créateurs ou les repreneurs d'entreprise peuvent être éligibles à cette aide, sous les mêmes conditions.

Les aides à la création ou à la reprise d'activité

La création tout comme la reprise d'activité sont accompagnées par l'octroi d'une indemnité exonérée de cotisations sociales[33], à l'exception de la CSG et de la CRDS. Elle doit être versée sur présentation de justificatifs. En fonction de la nature des projets, ces justificatifs peuvent être :

33. Législation 2007.

- l'inscription de l'entreprise au Registre du commerce, à la chambre des métiers et/ou l'autorisation d'exploitation par la Direction départementale de l'agriculture ;
- l'immatriculation en tant que travailleur indépendant auprès du centre des formalités des entreprises ou de l'Urssaf.

Les frais de recherche d'emploi

Pendant la durée du CR, les frais de déplacement dans le cadre de la recherche d'emploi sont pris en charge par l'entreprise. Ces remboursements peuvent s'effectuer :

- sur la base d'un remboursement en frais réel et sur présentation de justificatifs ;
- par le versement d'une prime forfaitaire destinée à tout salarié ayant adhéré au CR.

La protection sociale

Pendant la période de CR, les salariés licenciés conservent la qualité d'assurés sociaux et bénéficient du maintien aux droits des prestations du régime obligatoire d'assurance maladie, maternité et décès dont ils relevaient antérieurement.

LE SAVIEZ-VOUS ?

Les salariés conservent également le bénéfice de la couverture sociale en cas d'accident du travail survenu dans le cadre des actions du CR.

À ces prestations peut s'ajouter le maintien par l'entreprise de la mutuelle pendant le CR. Cette durée peut également être allongée à douze mois, voire plus, à compter de la rupture du contrat de travail et ce jusqu'au moment où le salarié reprend une activité. Deux cas de figure sont alors possibles :

- le maintien des avantages avec les mêmes taux de répartition entre employeur et salarié que pendant la période d'activité ;
- le maintien des avantages, mais la totalité des coûts désormais supportée par le salarié.

L'aide au retour dans le pays d'origine

Les salariés étrangers licenciés pour motif économique et souhaitant se réinsérer dans leur pays d'origine peuvent en déposer la demande à l'OMI. L'entreprise accompagne ce retour par la mise en œuvre d'une indemnité forfaitaire supplémentaire et une participation aux frais de transport vers le pays d'origine. Les salariés bénéficiaires de cette mesure, dont le projet sera de créer ou de reprendre une activité dans leur pays d'origine, pourront aussi bénéficier de l'aide à la création d'entreprise. Le volontariat peut également être ouvert aux salariés éligibles à cette mesure.

La ré-industrialisation

Dans le cadre de la loi de modernisation sociale, l'État impose à l'entreprise mettant en place un PSE la ré-industrialisation des sites fermés[34]. L'entreprise doit démarcher d'autres sociétés ou missionner un cabinet spécialisé. L'objectif de la ré-industrialisation est d'attirer et de parrainer des créations d'activités économiques nouvelles et d'aider au développement de projets créateurs d'emplois sur les bassins impactés par le PSE. L'entreprise intervient à plusieurs niveaux :

- rapprochement des autorités locales et coopération avec les pouvoirs publics ;
- mise en place d'un système d'emprunt à taux zéro pour promouvoir l'installation d'une activité économique nouvelle nécessitant des fonds pour s'implanter.

Cette mesure constitue aussi un moyen supplémentaire de reclasser les employés dans la durée d'application du PSE.

Bilan des mesures sociales d'accompagnement

Si le cadre législatif impose la nécessité de reclasser le personnel lors de la mise en œuvre d'un PSE et rend obligatoires certaines mesures sociales, il laisse néanmoins un degré de liberté important dans l'ingénierie des mesures sociales d'accompagnement. Bien évidemment, les moyens diffèrent d'une entreprise à l'autre, car ils sont avant tout d'ordre finan-

34. Les obligations de ré-industrialisation sont applicables à partir de cinquante salariés, mais beaucoup plus contraignantes pour les entreprises de plus de mille salariés.

cier. Ainsi, les groupes de taille conséquente allouent des budgets importants, ce qui facilite une communication sociale efficace auprès des différentes parties prenantes. En effet, ces moyens permettent d'afficher des résultats de reclassement plus qu'honorables. Le tableau ci-dessous récapitule les mesures minimum et complémentaires.

Les mesures de base	Les mesures supplémentaires
Durée minimale légale du CR (quatre mois incluant le préavis)	Allongement de la durée du CR (neuf mois maximum)
Absence d'ATD ou montant minimum sur la durée minimum (douze mois)	ATD avec un montant important sur la durée maximum (vingt-quatre mois)
Possibilité d'adhérer douze mois à compter de la notification de licenciement	Possibilité d'adhérer au-delà de douze mois à compter de la notification de licenciement
Budgets formation : prise en charge financière du coût pédagogique uniquement, plafonné à *x* euros	Budgets formation important dont le plafond peut être dépassé et prise en charge financière de l'ensemble de la formation (déplacement, repas, hébergement)
Aide financière minimale à la création ou à la reprise d'activité	Aide financière importante à la création ou à la reprise d'activité et prise en charge d'un accompagnement (conseil, formation, etc.)
Remboursement partiel uniquement des déplacements liés à la recherche d'emploi	Prise en charge de l'ensemble des frais liés à la recherche d'emploi (famille, repas, hébergement, etc.)
Prise en charge financière partielle et uniquement pour les frais de déménagement	Prise en charge totale des frais de déménagement, dont les frais annexes
Absence de prise en charge financière des frais de réinstallation	Aide financière à la réinstallation
Absence d'aide à l'embauche	Aide à l'embauche plus ou moins incitative
Absence de temps supplémentaire alloué au reclassement du personnel	Mise en place d'un congé préalable au CR

Mesures sociales minimum et complémentaires

À RETENIR

- En cas de réduction partielle des effectifs, il est indispensable de mettre en œuvre des critères professionnels pour contrebalancer les critères sociaux.
- Une collaboration étroite avec la DDTEFP favorise les conditions de gestion des conventions AS-FNE et des contributions Delalande.
- Une politique de mobilité avec des mesures d'accompagnement adaptées favorise le reclassement interne.
- La phase de volontariat en amont des licenciements limite les licenciements contraints.
- La flexibilité dans la gestion du congé sans solde et/ou du congé de reclassement favorise les possibilités de période d'essai sécurisées.
- Une incitation financière pour un retour rapide à l'emploi accélère le processus de reclassement des salariés tout en réduisant les coûts pour l'entreprise.
- Les dispositifs d'accompagnement de création et/ou de reprise d'activité favorisent l'activité économique du bassin local.
- Les mesures de ré-industrialisation peuvent favoriser le reclassement du personnel par l'implantation de nouvelles activités économiques.
- Des mesures sociales adaptées aux problématiques de reclassement accroissent les probabilités de succès.

9

Conduire et gérer un PSE

Le pilotage de l'antenne emploi

Si l'élaboration et la négociation d'un PSE sont des phases complexes, sa mise en œuvre l'est également. Pour réussir le reclassement des salariés, son organisation et sa gestion doivent être anticipées grâce à une Antenne Emploi.

Définir les missions et les rôles

Préciser les missions de l'Antenne Emploi

La mission et les tâches attribuées à l'Antenne Emploi doivent être précisément définies. Dans le cadre du soutien à la recherche de solutions personnelles et professionnelles, les activités suivantes sont les plus fréquemment mises en œuvre :

- réalisation d'une prospection ciblée des offres d'emploi disponibles dans le bassin d'emploi local (et au-delà selon les souhaits des salariés) et recherche de l'adéquation entre postes disponibles identifiés et les compétences des salariés ;
- accompagnement des salariés dans leur recherche d'emploi ;
- réalisation de bilans d'évaluation et d'orientation permettant à chaque salarié de faire le point sur ses compétences, ses aspirations professionnelles ;
- accompagnement des salariés dans un parcours de VAE ;

- orientation et démarche des formations éventuelles nécessaires pour améliorer la qualification professionnelle ou requise pour un poste spécifique ;
- aide au salarié pour proposer sa candidature (assistance à la rédaction du CV et de la lettre de motivation) et conseil pour les entretiens d'embauche (jeu de mise en situation) ;
- établissement d'un contact avec les responsables du recrutement rencontrés par le candidat pour faire le point ;
- bilan régulier avec le candidat et veille du respect de ses obligations ;
- définition, élaboration et formalisation des outils de la cellule de reclassement (livrets de compétences, types de CV, base de suivi, etc.) ;
- organisation de l'espace information et conseil accessible aux salariés ;
- définition de la cartographie du bassin d'emploi ;
- aide à la connaissance des métiers ;
- utilisation du réseau professionnel local.

Définir les rôles au sein de l'antenne emploi

Il est important de définir les rôles respectifs de l'équipe RH de la société et du cabinet de reclassement missionné. Le tableau ci-après donne un exemple de répartition des tâches sur différentes mesures.

Quoi	Qui	Actions
Mobilité interne	Équipe RH locale + siège	Sensibiliser les sites du groupe à la mobilité interne. Recenser les postes internes. Organiser des réunions de présentation des sites d'accueil avec les équipes locales.
	Équipe RH	Définir le mode de diffusion des postes internes.
	Équipe RH + antenne emploi	Estimer le nombre de personnes intéressées par la mobilité interne. Définir le calendrier de l'envoi des courriers, des délais de réponse et des délais de relance.

…/…

	Équipe RH + service juridique	Valider les courriers de la mobilité interne : acceptation, refus, réflexion, avenant au contrat de travail. Traiter les cas spécifiques : DP, licenciements différés, COTOREP, invalidité, longue maladie, maladie professionnelle.
Départ volontaire	Équipe RH + service financier	Créer un outil de simulation d'indemnités de licenciement (tableur, système de paie, etc.).
	Équipe RH + direction	Organiser des groupes de travail. Impliquer les managers de terrain aux problématiques du PSE.
Mobilité externe	Équipe RH + Antenne Emploi	Définir une lecture du plan et un mode d'application des mesures du PSE. Définir les rôles des intervenants sur l'Antenne Emploi. Gérer les aspects logistiques (locaux, ressources, matériel). Valider les tableaux de bord présentés en commission de suivi. Organiser des réunions régulières pour évoquer les cas spécifiques, l'avancée de la mission et préparer ensemble les commissions de suivi.
	Équipe RH + service juridique	Valider les courriers utilisés pendant la durée d'application du PSE : sortie du CR ; suspension du CR ; convention de détachement ; rupture du CR.

Exemple de définition des rôles

Il est important de définir le rôle de chacun pour gagner en efficacité. En aucun cas le cabinet de reclassement ne doit se substituer à l'employeur. Une fois la répartition des rôles effectuée, l'équipe RH et le cabinet doivent se coordonner et définir un calendrier pour fixer dans le temps des objectifs précis en termes de reclassement et adapter un discours unique face aux salariés. La cohésion des équipes est primordiale dans la mise en œuvre du PSE. Elle permet en effet de maintenir la cohérence du discours des uns et des autres.

Impliquer la commission de suivi

Il est important d'impliquer les partenaires sociaux dans la mise en œuvre et le suivi du reclassement des salariés. La composition de la commission de suivi est définie dans le L3 ou dans l'accord de mesures sociales : DRH, partenaires sociaux et représentant du cabinet, qui n'a souvent qu'un rôle consultatif. Le rythme et la fréquence des réunions sont généralement fixés dans l'accord, mais varient en fonction de l'évolution du reclassement des salariés. Plus les solutions sont identifiées, moins il faut de temps pour passer en revue les salariés restants. À travers la commission de suivi, les IRP, les DP et les OS ont un rôle clé à jouer, non seulement dans l'animation de ces dispositifs, mais aussi pour faciliter la réintégration professionnelle des personnes licenciées. En effet, en tant que collègues plus ou moins proches des différents salariés, ils peuvent porter des messages en représentant un canal d'information et de communication différent de celui de la direction de l'entreprise.

Démarrer le PSE

La première phase donne le ton et doit présenter des signes forts de succès, comme la réussite d'un détachement ou d'une mobilité interne. Pendant les échanges individuels, il est important que les conseillers puissent donner de l'information, garantir certaines mesures du PSE et répondre à un certain nombre de questions, ce qui amènera naturellement les salariés à promouvoir l'Antenne Emploi auprès de leurs collègues. La communication entre les membres de l'Antenne Emploi et les salariés s'effectue *via* des entretiens individuels et au cours des réunions d'information collectives visant à informer le personnel sur le PSE et à faire passer des messages comme l'importance d'anticiper son repositionnement professionnel.

Anticiper la logistique

Afin que le démarrage de l'Antenne Emploi soit un succès, il est indispensable d'anticiper et de réfléchir collectivement aux différents moyens logistiques nécessaires. Pour que les consultants RH puissent recevoir au mieux les salariés, différents points doivent être gérés.

Il convient d'abord d'identifier des locaux dans l'entreprise pour y installer l'Antenne Emploi en amont des notifications de licenciement et déterminer la superficie en fonction de la fréquentation de l'Antenne et du nombre de consultants présents.

Puis vient l'organisation de l'espace emploi : salle d'information (communications collectives sur les modalités du reclassement), de formation (simulations d'entretiens) et de documentation (accès aux journaux emploi et à Internet).

Il faut également prévoir les outils de fonctionnement, c'est-à-dire PC, imprimantes, téléphones, fax, photocopieuses, accès Internet, bureaux, annuaires spécialisés, abonnements à la presse emploi, panneaux d'affichage et classeurs pour communiquer les offres.

Enfin, une Antenne Emploi doit être ouverte à l'extérieur de l'entreprise durant le congé de reclassement (recherche de locaux et gestion du bail, déménagement de l'Antenne Emploi).

Ces différents éléments doivent être budgétisés dans la mise en œuvre du PSE.

Gérer l'information au personnel

La période de négociation d'un PSE est généralement floue pour le personnel, angoissé à l'idée de la réorganisation. Voilà pourquoi il est essentiel de lui apporter des informations claires et officielles sur le déroulement « des opérations » et sur certaines mesures du PSE. Ces réunions doivent permettre aux salariés de poser des questions et de soulever leurs difficultés de compréhension. Elles constituent un moment de rencontre entre les consultants de l'Antenne Emploi et les salariés, et deviennent parfois le théâtre de revendications et de verbalisation des rancœurs collectives envers l'entreprise. Tout le personnel doit être invité à venir s'informer. L'entreprise peut alors convier nominativement et par courrier simple les salariés, généralement répartis en fonction de leur CSP. Cette distinction est importante pour des raisons évidentes : peur de prendre la parole devant certains cadres, questions différentes par rapport au PSE, problématiques personnelles autres, etc.

Faire vivre la mobilité interne

Dans les groupes et les entreprises multi-sites, la gestion de la mobilité interne représente un enjeu majeur. Il implique autant l'équipe de la DRH que les consultants emploi, mais aussi le management et les DG de l'ensemble des sites de l'entreprise ou du groupe.

Communiquer sur les postes à pourvoir

Ces postes doivent être régulièrement mis à jour et communiqués à l'ensemble des salariés. Afin que cette communication soit efficace, différents supports peuvent se compléter :

- voie d'affichage ;
- distribution de la liste des postes à pourvoir (par exemple avec le bulletin de paie) ;
- intranet, voire mailing électronique ;
- consultation à l'Espace Emploi, à la DRH ou dans les espaces de convivialité (machine à café, etc.) ;
- consultation des membres de la DRH ou de l'Antenne Emploi possédant la liste de tous les postes à pourvoir.

Une communication individuelle est envisageable quand la structure concernée par le PSE dispose d'un effectif assez réduit pour pouvoir recevoir chaque salarié régulièrement. Dans une approche plus collective, l'entreprise doit communiquer auprès des salariés sur le processus à suivre pour manifester son intérêt quant à la mobilité interne. Deux principaux processus existent.

Ainsi, il est possible de programmer sur l'intranet un processus avec envoi de mail collectif et système de « clic réponse » uniquement pour les réponses positives. L'autre processus consiste à envoyer un courrier recommandé avec A/R demandant aux salariés de manifester leur intérêt pour la mobilité interne auprès de leur hiérarchie directe, soit par e-mail, soit par courrier recommandé avec A/R ou remis en main propre contre décharge.

Réussir le reclassement par la mobilité interne

Selon les structures, la mobilité interne peut représenter une part importante des solutions potentielles. Il est donc impératif d'identifier les principaux freins à la mobilité pour lesquels il va falloir argumenter, convaincre et identifier des palliatifs.

Pour les salariés	Pour l'entité cédante	Pour l'entité d'accueil
Rompre avec un environnement de travail stable et rassurant. Envisager une réorientation professionnelle ayant des conséquences sur la vie familiale.	Accepter de perdre les bons éléments. Réorganiser ses équipes pour tenir son calendrier et ses objectifs. Dégager du temps pour présenter les sites d'accueil.	Perte de la liberté du choix dans les recrutements ; interdiction de recruter en externe. Obligation d'intégrer un profil ne correspondant pas tout à fait aux besoins opérationnels.

Principaux freins à la mobilité interne

L'ensemble de la fonction RH et des consultants emploi doivent être sensibilisés et préparés à agir sur les différents leviers permettant de faire de la mobilité interne un succès.

Pour les salariés	Pour l'entité cédante	Pour l'entité d'accueil
Engager le salarié en lui faisant prendre conscience de la dimension de son poste, des enjeux de la mobilité. Sensibiliser le salarié au maintien de son ancienneté et à la diminution, voire à la suppression du risque de perte de salaire.	Informer le plus tôt possible (intranet, plaquette, affichage) des opportunités de poste dans le groupe. Inviter les DRH des autres entités à venir présenter les opportunités. Donner les moyens appropriés au salarié pour conclure sa mobilité (aide au déménagement, accompagnement du conjoint et des enfants dans les formalités administratives). Accompagner le succès de la mobilité.	Préparer la présentation des postes, anticiper les éventuelles questions sur ces derniers, sur la région d'accueil. Donner les moyens appropriés aux équipes pour accompagner l'intégration du salarié. Rassurer le nouvel arrivant : présentation des équipes, tutorat, flexibilité de l'entreprise face aux éventuelles difficultés logistiques d'une installation. Consolider la réussite de la mobilité.

Les leviers à la mobilité interne

Formaliser les propositions de mobilité interne

Dès la fin des procédures L4 et L3, chaque salarié est reçu en entretien pour discuter des opportunités internes et être informé des mesures sociales accompagnant la mobilité. Les postes doivent être proposés :

- par l'envoi d'un courrier en recommandé avec A/R présentant les postes et spécifiant les modalités de réponse du salarié (par courrier recommandé avec A/R ou remis en main propre contre décharge) ;
- par la convocation à un entretien avec un RH ou un consultant emploi pour étudier la liste des postes et sélectionner ceux susceptibles de convenir au salarié (l'entretien doit être formalisé par écrit avec un compte-rendu signé des deux parties).

Si le salarié souhaite bénéficier des possibilités de mobilité interne, il doit se prononcer sur le ou les postes proposés et ses priorités de choix. Sa réponse doit être écrite, dans un délai défini dans le L3 démarrant à compter de la présentation de la lettre recommandée[35] ou à compter du jour de l'entretien. L'entreprise peut relancer par lettre recommandée avec A/R le salarié qui n'aurait pas répondu avant le terme du premier délai. Elle doit lui signifier qu'une absence de réponse, dans un nouveau délai, sera considérée comme un refus de reclassement interne.

LE SAVIEZ-VOUS ?

Il est impératif de conserver l'ensemble des courriers et comptes-rendus, y compris les notifications de lettres recommandées avec A/R, car ces documents peuvent servir de preuves pour d'éventuels futurs litiges.

Réussir la phase de volontariat

Pour gérer la période de volontariat dans les meilleures conditions, la DRH doit définir la période de temps ouverte pour se porter volontaire ainsi que les conditions d'éligibilité des salariés volontaires. Celles-ci consistent à savoir, d'une part, si le poste occupé par le volontaire est directement impacté par le projet économique, d'autre part, si le poste occupé par le volontaire permet un reclassement effectif d'un collaborateur directement concerné.

35. L'entreprise doit envisager que le salarié puisse demander de visiter la structure d'accueil durant ce délai.

Le caractère dit « effectif » du reclassement interne implique le respect de trois conditions :

- le poste doit être tenu dans toutes ses dimensions et proposé « tel quel » à un salarié concerné par une suppression d'emploi, même si une formation d'adaptation est nécessaire ;
- le poste est réaffecté par glissement de postes ou par un jeu de remplacements successifs qui permet d'éviter un licenciement ;
- le projet du salarié volontaire présente une solution pérenne à court ou à moyen terme.

Ces trois conditions constituent la base d'un volontariat réfléchi et efficace ne laissant pas les salariés aller vers une solution professionnelle incertaine. L'entreprise peut élargir les critères d'éligibilité du volontariat (ancienneté minimale, être en CDI ou pas, etc.). Pour les entreprises multi-sites, la mise en place du volontariat se fera uniquement sur les sites touchés partiellement par la réorganisation. À l'issue de la procédure d'information ou de consultation des IRP, et si possible avec leur accord formel, une communication sur le volontariat doit être mise en œuvre pour informer les salariés des conditions et des avantages de ce dispositif.

Le dépôt des candidatures au départ volontaire

Les salariés volontaires doivent bénéficier d'un dispositif d'accompagnement pour les aider à finaliser ou à consolider leur projet. La direction peut mettre alors en place des dispenses d'activité accordées dès l'acceptation des candidatures et jusqu'à la fin de la période de volontariat. Pendant cette phase, les salariés bénéficient des prestations du cabinet déjà en place pour concrétiser leur projet. Tout salarié intéressé par le volontariat dépose sa candidature par écrit en faisant part de son projet si la direction l'exige. Les candidatures lui sont adressées, éventuellement par le biais du cabinet. Un récépissé doit être fourni au salarié au moment du dépôt de son courrier pour accuser réception de la candidature et acter la date de celle-ci.

Le traitement et la validation des candidatures

Il est important pendant une période de volontariat d'impliquer les IRP pour valider les projets présentés. En effet, ils peuvent apporter des informations concernant les situations personnelles de certains salariés qui n'auraient vu dans le départ volontaire que l'opportunité de bénéficier d'indemnités conséquentes. Toutes les demandes de volontariat doivent être soumises à la commission de suivi. La direction valide la demande de départ volontaire et dispose d'un délai minimum pour informer individuellement et par courrier chaque salarié de la suite donnée à sa candidature (par lettre recommandée avec A/R ou par lettre remise en main propre contre décharge). L'entreprise peut réduire ce délai pour les salariés ayant un contrat de travail avec prise de poste imminente. Si le nombre de volontaires dépasse celui des postes supprimés, la commission de suivi du PSE est sollicitée pour examiner les projets et déterminer les critères de refus.

Animer la gestion du reclassement

La DRH et le responsable de l'Antenne Emploi effectuent un point régulier sur la totalité des situations de salariés licenciés. Ainsi, la mise en œuvre d'une base de données ou d'un tableau de bord nominatif permet à l'ensemble des membres de l'Antenne d'effectuer un point précis par salarié sur le type de solution en cours. C'est aussi l'occasion d'échanger et de procéder à des brainstormings pour identifier de nouvelles pistes de solutions et faire preuve de créativité. Ces réunions permettent la mise à jour des tableaux de bord sur les solutions qui seront utilisées pour les parties prenantes internes (direction, management, commission de suivi, IRP) et externes (Inspection du travail, DDTEFP, etc.).

	Solution en cours	Solution finalisée	Solution non identifiée
Mobilité interne/expatriation	7	5	
Reclassement externe	24	32	
Formation longue/reconversion	14	2	
Création/reprise d'activité	10	4	
Projet personnel	6	5	
Situation spécifique (décès, etc.)			
Préretraite	5	3	
Transfert (L.122-12[a])	12	28	

.../...

En congé de reclassement	15		10
Indisponible (maladie, etc.)	2		3
Suivi pré-PARE	0		0
Sortie sans solution			0
TOTAL	95	79	13

Exemple de tableau de bord de l'Antenne Emploi

a. Article L.122-12 du Code du travail sur la modification de la situation juridique de l'employeur (succession, vente, fusion...) et le transfert des contrats de travail qui subsistent entre le nouvel employeur et le personnel de l'entreprise.

Le DRH ou le responsable de l'Antenne peuvent également en profiter pour redynamiser régulièrement les équipes dans un contexte difficile, avec des problématiques parfois complexes.

L'accompagnement des salariés

Aider les salariés à redémarrer

L'accompagnement des salariés doit constituer la priorité dans la mise en œuvre de l'Antenne Emploi.

Comment accompagner le choc psychologique ?

L'annonce du PSE constitue un véritable choc psychologique pour le salarié. Il est indispensable que chacun puisse le surmonter pour pouvoir rebondir. En fonction de l'étape du processus de deuil de la perte d'emploi (mais aussi des collègues, de l'environnement dont le salarié était familier depuis des années, etc.), différentes réactions et émotions sont observées : tristesse, dévalorisation, perte de confiance en soi, colère, agressivité, violence, etc.

Une attitude adaptée des différents acteurs (service RH, management, Antenne Emploi, etc.) vis-à-vis des salariés licenciés constitue l'une des clés de l'accompagnement de ces personnes. La séparation représente un acte managérial au même titre que le recrutement et les attitudes d'empathie, de respect, de soutien et de compréhension facilitent la gestion de la souffrance et de l'anxiété. Un réel accompagnement psychologique peut être mis en place, à la fois pour sensibiliser et former les représentants de l'entreprise, mais aussi pour accompagner

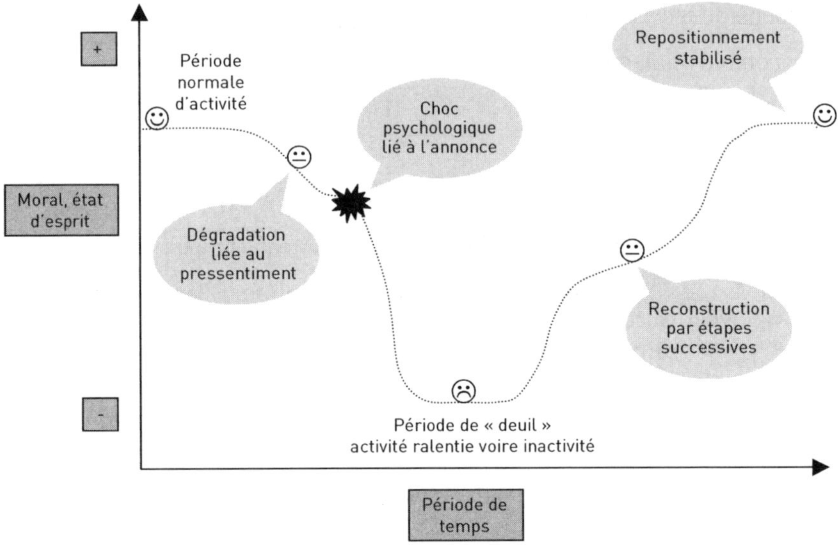

Processus de deuil dans le cadre d'un PSE

les salariés qui le souhaitent. Le recours à un psychologue peut faciliter ce travail de deuil. Les entretiens peuvent être individuels ou collectifs (en petits groupes).

Gérer la multiplicité des « conseillers » aux salariés

Dans cette période de doutes et d'incertitudes sur l'avenir, les salariés se tournent vers l'ensemble de leurs relations afin de rechercher informations et conseils. Or, ces relations sont nombreuses et diverses ! Les discours et les conseils contradictoires risquent donc de compliquer les démarches en renforçant doutes et anxiété.

Il est donc indispensable que tous les représentants de l'entreprise tiennent le même discours vis-à-vis des salariés – ce dont la DRH doit s'assurer. En effet, consciemment ou pas, de nombreux salariés vont poser les mêmes questions aux différents acteurs et réagir en fonction de la cohérence des réponses. Alors que des réponses identiques vont offrir de la visibilité et permettre d'accompagner les salariés dans leur repositionnement professionnel, les incohérences vont renforcer les doutes, décrédibiliser les discours et compliquer la reconstruction d'un projet.

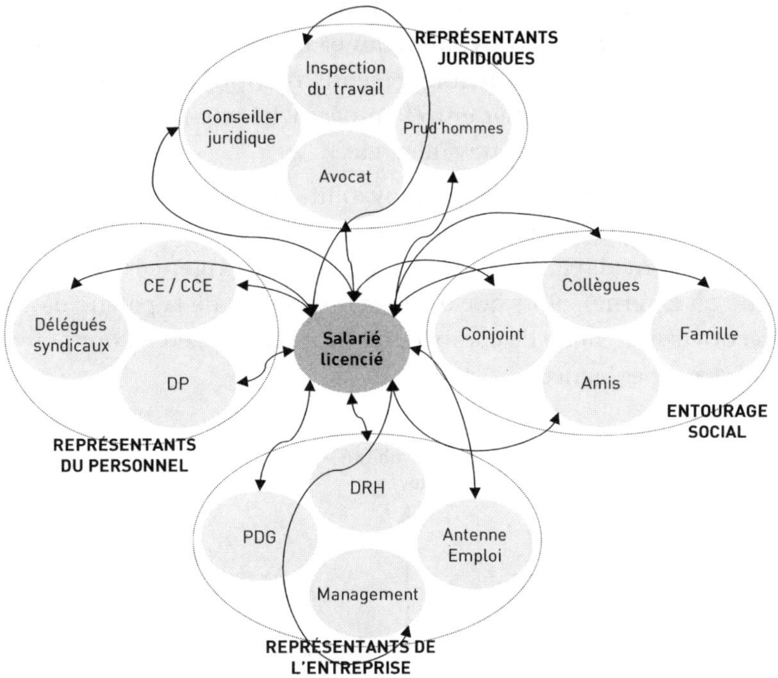

Multiplicité des « conseillers » des salariés

Identifier et élaborer les solutions

Inciter les salariés à adhérer à l'Antenne Emploi

La venue d'un cabinet extérieur, et plus particulièrement sa présence dans l'enceinte de l'entreprise, suscite souvent des réactions de doute, de suspicion, voire d'hostilité. Or, le reclassement des salariés constitue une course contre la montre. Il est donc indispensable de créer un lien de confiance le plus rapidement possible. Pour aider les salariés à rebondir avec un nouveau projet personnel et/ou professionnel, l'accompagnement s'articule autour de la recherche et de l'élaboration de solutions avec une reconstruction par étapes successives.

Évaluer motivation et employabilité

Deux principaux facteurs vont permettre à la DRH et à l'Antenne Emploi de déterminer les probabilités de repositionnement rapide sur un emploi.

Le premier est la motivation à se reclasser. En effet, alors que certains salariés sont extrêmement dynamiques et positifs, d'autres ont besoin d'un accompagnement plus long (reconstruction de l'estime de soi, exemples de succès, premier entretien décroché, etc.). Parfois, certains salariés ne souhaitent plus travailler, etc.

Le second facteur est celui de l'employabilité sur le marché. En fonction des profils, des qualifications, de l'âge ou de l'expérience, certains salariés se trouvent davantage en phase avec les exigences du marché (interne ou externe), alors que d'autres ont besoin de la palette d'outils RH (reconversion, bilan de compétences, formations, etc.) pour pouvoir répondre à ces exigences.

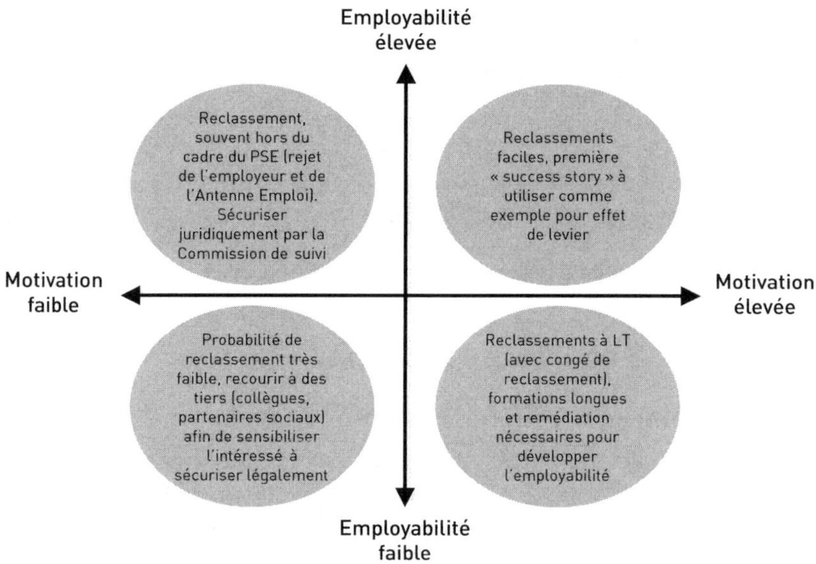

Motivation à se reclasser et employabilité sur le marché

Une cartographie simple et rapide des problématiques de reclassement peut être réalisée par l'Antenne Emploi après un premier entretien avec chacun des salariés licenciés.

Aider au repositionnement des salariés

Sensibiliser les salariés aux réalités du marché externe

Les salariés qui prennent contact avec l'Antenne Emploi pour se repositionner en externe souhaitent souvent retrouver un poste avec un intérêt et un niveau de rémunération équivalent à celui qu'ils occupaient précédemment. Or, nombre d'entre eux vont retrouver un emploi dans une entreprise de taille inférieure (ce qui sous-entend des avantages sociaux moindres et des perspectives de carrière plus réduites), proposant une rémunération plus faible. Il est donc important de les sensibiliser, voire de les confronter à la réalité du marché de l'emploi, bien que les discours soient accueillis avec beaucoup de scepticisme au début des démarches de repositionnement. Cependant, le principe de réalité s'avère ici de nouveau primordial, car il est important de ne pas faire miroiter des postes extrêmement rares, voire inexistants sur le marché.

Préparer les salariés à se repositionner

Il faut redonner confiance aux salariés le plus rapidement possible mais également les former à leur nouveau rôle, temporaire, de chercheurs d'emploi et de candidats. Or, en fonction de leur ancienneté dans leur poste, non seulement ils ne se rendent pas compte de l'état du marché, mais ils ne savent plus rédiger un CV, valoriser leurs compétences, se « vendre » en entretien de recrutement, etc. L'Antenne Emploi doit donc les préparer afin qu'ils puissent se repositionner sur le marché du travail. Les qualités personnelles et les centres d'intérêt doivent être identifiés et mis en avant afin de différencier les candidatures. C'est aussi l'occasion de réaliser ce qui peut-être n'a jamais pu se faire auparavant. Ainsi, il n'est pas rare dans les industries ayant recruté massivement au cours des années 1970 que certains salariés ne soient pas en mesure, après bien des années d'activité professionnelle, de lire et d'écrire correctement. Le financement de remises à niveau est alors indispensable. En conséquence, selon les caractéristiques de la population licenciée, le reclassement nécessitera plus ou moins de temps. Le recrutement d'un cadre est par exemple bien plus long que celui d'un employé.

Accompagner les « survivants »

Dans la gestion du PSE, il est important de ne pas oublier les salariés qui restent, car ce sont eux qui doivent amener l'entreprise à renouer avec les bénéfices.

Le syndrome des survivants

La mise en œuvre d'un PSE a pour conséquence de provoquer sur les salariés restants ce que l'on nomme le « syndrome du survivant », qui se caractérise par[36] :

- la culpabilité vis-à-vis des salariés licenciés d'avoir conservé son emploi ;
- la démotivation et l'insatisfaction (risques de démission) ;
- les sentiments de colère, d'agressivité et de déloyauté envers l'entreprise et la direction ;
- les émotions négatives (tristesse, dévalorisation, déprime) ;
- la baisse de performance (torpeur, fatigue, baisse d'énergie) ;
- l'anxiété et le sentiment d'insécurité par rapport à l'avenir.

Une gestion optimale et équitable des salariés licenciés en amont limite le risque de développement de ce syndrome. Si, dans un premier temps, le management doit gérer le sentiment d'injustice et de culpabilité des « survivants » vis-à-vis des salariés licenciés, la présence prolongée dans l'entreprise de ces derniers peut être perçue dans un second temps comme « polluant l'atmosphère ». Cette situation engendre alors chez les « survivants » un sentiment d'agressivité.

Remobiliser les « survivants »

Afin de dissiper les sentiments d'insécurité sur l'avenir, il est indispensable de remobiliser les survivants autour du projet d'entreprise, qui doit être crédible et partagé par tous. La nouvelle organisation doit être rapidement communiquée de façon à ce que tous les salariés puissent se situer et comprendre leur rôle au sein de celle-ci. Si ces conditions ne sont pas respectées, il est illusoire de penser impliquer les salariés à nouveau. La mise en œuvre d'une démarche GPEC articulée autour de cette nouvelle stratégie constitue alors le support de la redynamisation et du développement des personnes en fonction des nouveaux enjeux de l'entreprise.

36. Sur la base des travaux du consultant américain David Noer (1987 et 1992).

À RETENIR

- La répartition des rôles entre les membres de la DRH et les consultants externes doit être définie dès la venue du cabinet au sein de l'entreprise.
- La communication sur le volontariat et les mesures d'accompagnement de la mobilité interne doit être formalisée et réalisée le plus en amont possible.
- Les actions de mise en œuvre des mesures d'accompagnement social doivent être formalisées afin de prévenir les éventuels risques de litiges.
- Toutes les réponses des salariés concernant la mobilité interne et le volontariat doivent être formalisées et archivées afin de démontrer la mise en œuvre de l'obligation de reclassement.
- La mise en œuvre d'une démarche GPEC favorise la remobilisation des rescapés d'un PSE.

Conclusion

> « C'est le travail qui crée l'emploi. »
>
> Raymond Barre

Lorsque l'entreprise connaît une phase de croissance et bénéficie d'un positionnement sur le marché concurrentiel qui lui assure une certaine pérennité, le développement des salariés pour adapter les compétences aux besoins actuels et futurs – et donc maintenir l'emploi – constitue pour elle un enjeu clé. Si la fonction RH joue un rôle de facilitateur en proposant des outils et des méthodologies, il incombe à la direction de l'entreprise, mais également à l'ensemble de la ligne managériale de faire évoluer leurs collaborateurs. En effet, rares sont les entreprises qui ne devront pas un jour faire face au déclin de leur activité ou à une adaptation de leur organisation suite à un retournement de situation. Ces événements ont souvent pour conséquence la perte de certaines compétences au sein de l'entreprise. Les périodes de croissance et de décroissance reflètent une réalité changeante dans laquelle l'entreprise est soumise à de fortes variations d'activité et donc d'effectifs. Ces évolutions remettent perpétuellement en question les politiques de ressources humaines qui doivent redoubler d'imagination en matière d'ingénierie sociale tout en respectant le cadre législatif.

Pour accompagner au mieux les variations d'activité, la fonction RH doit impérativement se positionner comme partie prenante du business de l'entreprise et refonder ainsi les principes de son action, que ce soit dans la mise en œuvre d'une démarche GPEC ou dans la gestion d'un PSE. Cet accompagnement nécessite que la fonction RH soit légitimement positionnée dans l'organisation de l'entreprise. Pour cela, il est indispensable que ses politiques s'articulent autour de la stratégie de l'entreprise, offrant de la visibilité et partagée par tous. Sans cela, aucune GRH ni GPEC n'est possible. De plus, l'ensemble des acteurs de l'entreprise est demandeur de cette communication sur la stratégie, car elle est porteuse de sens pour les actions de tous. Enfin, la performance et la richesse d'une politique RH sont également appréciées comme des conséquences directes de son positionnement stratégique ou non au sein de la direction générale (l'appartenance ou pas du DRH au comité de direction en constitue un symbole fort). Que ce soit dans une démarche GPEC ou dans la gestion d'un PSE, la politique RH ne peut être réellement adaptée et performante si elle n'est pas insufflée par le haut, c'est-à-dire par la direction générale.

La politique RH doit être partagée par tous pour être véritablement appliquée. Ainsi, pour la faire vivre, il est indispensable d'identifier des partenaires au niveau des lignes managériales, qui se feront l'écho sur le terrain des enjeux RH pour la pérennité de l'entreprise. La fonction RH ne peut plus aujourd'hui formaliser sur le papier des processus au final non appliqués dans la réalité. Elle doit au contraire les élaborer dans une démarche participative pour impliquer tous les acteurs. Par ailleurs, il ne faut pas négliger le rôle fondamental du « middle management », principal acteur, observateur et détecteur de potentiels et de compétences clés, car quotidiennement au contact du terrain et des clients.

Avec la réforme de la formation professionnelle, nous observons une volonté du législateur d'accompagner la mise en œuvre d'une GPEC en enrichissant les pratiques RH dans ce domaine. VAE, contrat de professionnalisation, DIF, période de professionnalisation, entretien d'évaluation sont autant de nouveaux outils au service du développement des compétences des salariés pour qu'ils puissent mieux anticiper et maîtriser leur devenir professionnel. L'application d'une GPEC peut donc correspondre à la mise en œuvre d'une GRH de pointe dans l'ensemble de ses domaines (gestion des carrières, diversité, politique de formation, etc.). Cependant, malgré l'efficacité de la performance managériale en ce domaine, il semble difficile d'éviter, tôt ou tard, une phase d'accompagnement de réduction des effectifs et de l'emploi : la réorganisation de l'entreprise par le non-remplacement des départs en retraite, voire par la mise en œuvre d'un PSE. C'est pourquoi il est indispensable de contribuer autant que possible au développement des hommes et des femmes de l'entreprise pour diminuer la brutalité des licenciements et faciliter la capacité de reclassement des salariés licenciés. L'accroissement de leurs probabilités de reclassement rapide permet de réduire la période nécessaire à ce reclassement et donc les coûts, mais aussi de gérer l'image sociale de l'entreprise, aussi bien en externe qu'en interne – ce qui facilite ensuite la remobilisation des salariés restants.

La volonté de faire vivre sur le terrain la politique RH ne peut se réaliser non plus sans l'implication des partenaires sociaux, acteurs indispensables, que ce soit dans l'élaboration d'une démarche GPEC ou dans le cadre des mesures sociales d'accompagnement d'un PSE. Les IRP constituent en effet un relais d'information nécessaire, voire parfois de persuasion auprès des salariés qui seraient sceptiques quant à une telle démarche. Il est donc impératif d'impliquer les IRP dans les démarches RH afin de ne laisser aucun salarié sur le bord de la route, que ce soit en matière de GPEC ou dans un contexte de PSE. Cette volonté d'accroître et de valoriser les compétences de chaque salarié doit être démontrée et donc communiquée dès que des résultats visibles et concrets sont observables : une évolution de carrière atypique ou une mobilité démontrant l'existence de passerelles internes possibles, un repositionnement à l'extérieur, une création d'entreprise… C'est par l'action et dans le dialogue social que la crédibilité des projets RH peut se réaliser : faire un bilan de l'existant, définir ce vers quoi l'entreprise veut tendre pour mieux utiliser et mettre en œuvre les outils RH dont elle dispose. Celle-ci a besoin de temps pour évaluer, anticiper et mettre en œuvre les solutions afin de résoudre les problématiques qu'elle doit affronter. Malheureusement, et notamment dans un contexte de PSE, l'entreprise n'en dispose guère, car elle doit avant tout s'attacher à assurer sa propre pérennité, quand elle a pu éviter la fermeture définitive.

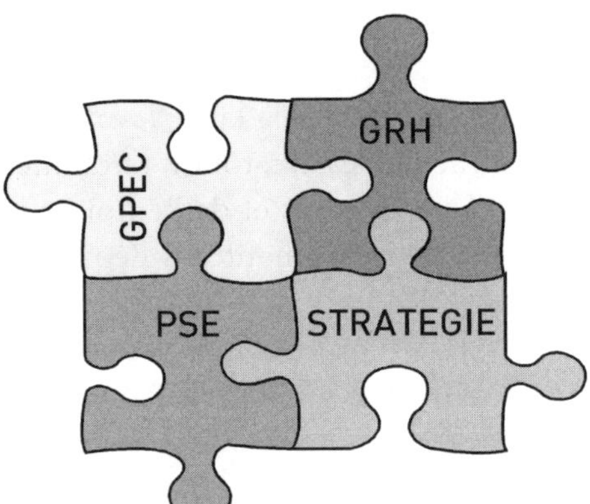

Puzzle de la GPEC

Stratégie, GPEC, GRH et PSE sont donc interdépendants et doivent s'inscrire dans un ensemble cohérent pour la recherche de la performance de l'entreprise. Enfin, bien que l'approche dans cet ouvrage soit centrée sur le cadre législatif français, la France ne détient évidemment pas le monopole de ces problématiques et les pratiques dans les autres pays, que ce soit en Europe ou à travers le monde, peuvent constituer une formidable source d'inspiration pour innover en matière de performance d'entreprise et de pratiques RH.

Lexique des sigles et acronymes employés

AGEFIPH : Association nationale pour la GEstion du Fonds pour l'Insertion professionnelle des Personnes Handicapées

AFPA : Association de Formation Professionnelle des Adultes

ANI : Accord National Interprofessionnel

ANPE : Agence Nationale Pour l'Emploi

ARE : Allocation de Retour à l'Emploi

AS-FNE (convention) : Allocations Spéciales du Fonds National pour l'Emploi

ASSÉDIC : Association pour l'Emploi Dans l'Industrie et le Commerce

ATD : Allocation Temporaire Dégressive

CATS : Cessation d'Activité des Travailleurs Salariés

CASA : Cessation d'Activité des Salariés Âgés

CCE : Comité Central d'Entreprise (instance de représentation du personnel dans une entité juridique avec plusieurs établissements)

CCI : Chambre de Commerce et d'Industrie

CE : Comité d'Entreprise ou Comité d'Établissement (établissement d'une entreprise avec plusieurs sites)

CEREQ : Centre d'Étude et de Recherche sur les Qualifications

CET : Compte Épargne Temps

CG : Comité de Groupe

CGE : Comité de Groupe Européen

CHSCT : Comité d'Hygiène, de Sécurité et des Conditions de Travail

CIF : Congé Individuel de Formation

COTOREP : COmmission Technique d'Orientation et de REclassement Professionnel

CQP : Certificat de Qualification Professionnelle

CR : Congé de Reclassement

CRDS : Contribution au Remboursement de la Dette Sociale

CRP : Convention de Reclassement Personnalisée

CSG : Contribution Sociale Généralisée

CSP : Catégories socioprofessionnelles : Ingénieurs et Cadres (I&C)/ Employés, Techniciens et Agents de Maîtrise (ETAM ou ATAM lorsque « Employé » est remplacé par « Agent »)/Opérateurs de Production

DDTEFP : Direction Départementale du Travail, de l'Emploi et de la Formation Professionnelle

DG : Directeur Général

DIF : Droit Individuel à la Formation

DP : Délégués du Personnel

DRH : Directeur des Ressources Humaines

DS : Délégué Syndical

EAAP : Entretien Annuel d'Appréciation des Performances

EMC : Espace Métiers et Compétences

FNE : Fonds National de l'Emploi

GPE : Gestion Prévisionnelle de l'Emploi

GPEC : Gestion Prévisionnelle des Emplois et des Compétences

GRH : Gestion des Ressources Humaines

INED : Institut National d'Études Démographiques

IRP : Instances Représentatives du Personnel

L3 : Livre III du Code du Travail

L4 : Livre IV du Code du Travail

NVQ : National Vocational Qualification

OMC : Observatoire des Métiers et des Compétences

OMI : Office des Migrations Internationales

OPCA : Organismes Paritaires Collecteurs Agréés

OPMQ : Observatoire Prospectif des Métiers et des Qualifications

OREF : Observatoires Régionaux Emploi-Formation

OS : Organisations Syndicales

OVE : Offre Valable d'Emploi (OVE) également dénommée Offre Personnalisée d'Emploi (OPE) ou encore Offre Ferme d'Emploi (OFE)

PARE : Plan d'Aide au Retour à l'Emploi

PDA : Personal Digital Assistant, littéralement assistant numérique personnel, aussi appelé ordinateur de poche ou organiseur

PEG : Plan d'Épargne Groupe

PRE-PARE : Pré-Plan d'Aide au Retour à l'Emploi

PSE : Plan de Sauvegarde de l'Emploi

RH : Ressources Humaines

RG : Renseignements Généraux

ROME : Répertoire Opérationnel des Métiers et des Emplois

RP : Représentants du Personnel

RTT : Réduction du Temps de Travail

SIRH : Systèmes d'Informations Ressources Humaines

SWOT : *Strengths* (Forces), *Weaknesses* (Faiblesses), *Opportunities* (Opportunités) & *Threats* (Menaces)

TGI : Tribunal de Grande Instance

UES : Unité Économique et Sociale

URSSAF : Union de Recouvrement des cotisations de Sécurité Sociale et d'Allocations Familiales

VAE : Validation des Acquis de l'Expérience

Bibliographie

Ardenti R., Vrain P., « Licenciements économiques, plans sociaux et politiques de gestion de la main-d'œuvre des entreprises », *Travail et Emploi*, n° 50, 1991.

Balmary D., « Les licenciements économiques : du contrôle à la négociation ? », *Droit social*, mars 2004, n° 3, pp.272-278.

Beaujolin-Bellet R. (sous la coordination de) : Comolti, C., Kerbourc'h, J.-Y., Kuhn, A., Moulin Y., *Anticipation et accompagnement des restructurations d'entreprises : dispositifs, pratiques, évaluations*, rapport Dares, 2005.

Bobbio M., « Les dispositifs publics d'accompagnement des restructurations depuis 2003 : une forte augmentation mais un nombre encore limité de salariés concernés », *Premières Synthèses*, n° 19.2, 2005.

Bruggeman F., Lapotre M., Paucard D., Thobois P., *Plans sociaux et reclassements : quand l'innovation est promue par les représentants des salariés. Étude de 12 cas*, document d'études Dares, 2002.

Bruggeman F., Paucard D., Tuchszirer C., « Privé-Public : une analyse des cellules de reclassement par l'examen des jeux d'acteurs », Document de travail Ires, n° 05.03, 2005.

Burdillat M., « La gestion prévisionnelle de l'emploi : les conceptions des directions », *Travail et Emploi*, n° 57 *bis*, 1993.

Campinos-Dubernet M., « La gestion des sureffectifs, la fin des illusions des ressources humaines ? », *Travail et Emploi*, n° 64, 1995.

Cezard M., « La gestion prévisionnelle des emplois et des compétences à l'épreuve des faits », *Travail et Emploi*, n° 57 *bis*, 1993.

Chassard Y., « Licenciements collectifs pour motif économique : comment font nos partenaires ? », *Premières Synthèses*, n° 35.3, 2002.

Degorre A., Reynaud B., *Les performances des entreprises s'améliorent-elles avec une réduction de l'emploi des salariés non qualifiés et qualifiés ? - Une évaluation sur données françaises (1994-2000)*, Étude du Cepremap, novembre.

« DGEFP, Bilan des accords de méthode », *Liaisons sociales*, n° 327, source : ministère de l'Emploi, de la Cohésion sociale et du Logement, 2005.

Fabre C., *Les Conséquences humaines des restructurations, Audit de l'implication des rescapés après un plan social*, L'Harmattan, 1997.

Gadille M., « L'apprentissage par l'entreprise de la gestion prévisionnelle de l'emploi », *Travail et Emploi*, n° 51, 1992.

Gavini C., « La Gestion Prévisionnelle de l'Emploi et des Compétences : de la norme aux pratiques – Le cas de la sidérurgie », *Travail et Emploi*, n° 57 *bis*, 1993.

Gilbert P., *La Gestion prévisionnelle des ressources humaines*, La Découverte, 2006.

Grange J., « L'accord de méthode en pratique », *Semaine sociale Lamy*, supplément n° 1152, 19 janvier 2004, p.p.14-16.

Heas F., *Le Reclassement du salarié en droit du travail*, LGDJ, 2000.

Hugues B., Lamoureux J.-L., Vermel N., « La gestion prévisionnelle des emplois et des compétences dans les PME », *Travail et Emploi*, n° 57 bis, 1993.

Kerlan F., *Guide de la gestion prévisionnelle des emplois et des compétences*, Éditions d'Organisation, 2007.

Lagarenne C., Leroux M., « Les licenciements en 2003 : trois fois plus nombreux pour motif personnel que pour raisons économiques », *Premières Synthèses*, n° 11.1, 2005.

Levaray J.-P., *Putain d'usine*, Agone, 2005.

Merlin L., « Les accords de GPE : une coopération ambivalente », *Travail et Emploi*, n° 57 *bis*, 1993.

Numéro spécial de la revue de l'Ires, « Restructurations, nouveaux enjeux », n° 47, 2005.

Palpacueur F., Seignour A., Vercher C., *Le Licenciement pour motif personnel : un dispositif juridique au carrefour des mutations contemporaines de la relation d'emploi*, rapport Dares, 2005.

Paucard D., « Les accords de méthode dans les situations de restructuration : éléments de réflexion à partir des cas rencontrés par Syndex au cours des 18 derniers mois », Regards, *Les Cahiers de Syndex*, n° 5, pp.27-43, 2004.

Pivert I., *Plan social : Entretien avec un licencieur*, Éditions du Sextant, 2004.

Simony N., *Relais pour l'emploi, Solidaires et acteurs de leur reclassement*, L'Harmattan, 1998.

Index

Dépôt légal : octobre 2007 - N° d'éditeur : 3570 - IMPRIMÉ EN FRANCE - Imprimeur n° 1175
Achevé d'imprimer le 18 octobre 2007 sur les presses de l'imprimerie « La Source d'Or » 63200 Marsat

Dans le cadre de sa politique de développement durable,
La Source d'Or a été référencée IMPRIM'VERT® par son organisme consulaire de tutelle.
Cet ouvrage est imprimé - pour l'intérieur - sur papier offset "Amber Graphic" 90 g
des papeteries Arctic Paper, dont les usines ont obtenu la certification environnementale ISO 14001
et opèrent conformément aux normes E.C.F. et E.M.A.S.